専修大学出版企画委員会 編

改訂版
新 **知**のツールボックス

新入生のための学び方サポートブック

専修大学出版局

はじめに　　新入生のみなさんへ

大学で学ぶということ

　大学に通いはじめると、いろいろ戸惑うことがあることでしょう。その一つに、勉強の仕方がそれまでとずいぶん違う、ということがあるのではないでしょうか。新入生のそうした戸惑いを解消するお手伝いをしようという目的で、この本は書かれました。

　授業を聞いて・課題を提出して・試験を受けて…を続けていくことで進級し卒業するという過程については、これまでと大きな違いありません。しかし、学びによって何を身につけることが求められているのかという点で、高校までと大学とでは、かなりの違いがあります。このことを、ぜひ頭の片隅においてください。

　高校までは、唯一の正解が存在するという前提のもとで、教科書に沿って授業が行われていました。問題が与えられ、その正解に到る解法を習得するというのが、高校までの「勉強」の中心でした。しかし、大学での学びの目的は、そうではありません。問題があることに気づいて自ら問いを立てること、そこから出発して、唯一の正解というものがない答えを求めて、調べ・考え・議論し、そして自分の考えを整理して表現できるようになる、こうしたスキル・能力・センスを身につけることが、大学で学ぶ目的であり意義です。大学でもいろいろな事柄を学ぶ必要がありますが、そうした学びの目標は、自ら問いを発し・自ら答えを追究していけるようになることであって、唯一の正解に到ることではありません。大学では授業を通じて、同じ事象に対して異なるさまざまな理論や見解があり、同じデータでも違う解釈の仕方があり得る、ということを学ぶのです。

　どうか、この本を上手に活用して、大学での学びを実り豊かなものとしてください。

この本の使い方

大学での学びと本書の構成

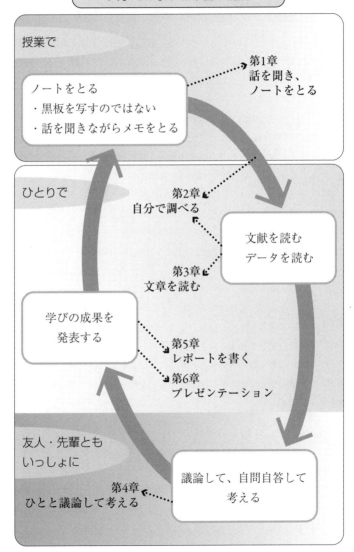

授業で

ノートをとる
・黒板を写すのではない
・話を聞きながらメモをとる

第1章
話を聞き、
ノートをとる

ひとりで

第2章
自分で調べる

文献を読む
データを読む

第3章
文章を読む

学びの成果を
発表する

第5章
レポートを書く

第6章
プレゼンテーション

**友人・先輩とも
いっしょに**

第4章
ひとと議論して考える

議論して、自問自答して
考える

よいレポートを書くために

ノートをみて
授業内容を確認する

・・・ 第1章 話を聞き、
ノートをとる

疑問文の形で
問いを立てる

・・・ 第2章 自分で調べる

あり得る答えと
それらの論拠を探す

・・・ 第3章 文章を読む

・・・ 第7章 ネットのコミュニケー
ションを活用する

たしかな論拠から
導き出せる答えを探す

・・・ 第4章 ひとと議論して考える

答えにいたる道筋を
順序だててまとめる

・・・ 第5章 レポートを書く

他人に分かりやすく伝える

● 目次 ●

● 第 2 章　自分で調べる …………………………………………………… 29

自分で調べて考えることは、大学での学びの基本
用語の意味を確認する
本を読む
雑誌論文・記事、新聞記事を読む
統計データを探す
調べた情報を記録する

コラム　大学での学びと数理・データサイエンス・AI（人工知能）

● 第 3 章　文章を読む ……………………………………………………… 49

大学では、学術的な文章を自分で読む
学術的な文章には、特徴がある
学術的な文章は、主張と論拠が書かれている
学術的な文章は、パラグラフを意識して読む

● 第4章　ひとと議論して考える ……………………………… 61

ひとと議論をすることで、ものごとの多様な視点を知ることができる

議論とは、相手を言い負かすことではない

論理的な議論をしよう

議論が混乱し始めたら、みんなで確認しよう

インターネットは、大学生活に欠かせない

インターネットは人と人とのつながりだが、相手の顔が見えにくい

インターネットにひそむ危険や悪意には、慎重に賢く対処する

メールは SNS とは違う

情報発信は責任をもって

コミュニティを活用しよう

チャットがコミュニケーションの主流に

イラスト——鈴木 衣津子

大学での学びは
こうなっている

● 自分の時間割を自分で作る

1 時間割

　大学では同じ時間に、いくつもの異なった授業が行われている。その中から、「必修科目」以外は自分が学びたい授業を選び**自分の時間割**を組み立てる必要がある。自分から積極的に情報を調べて、学びたい授業をさがそう。各授業の内容や進め方、曜日、時間帯などは、シラバス（講義要項）で確認することができる。先輩などに、おすすめの科目を聞いてみるのもよい。

2 クラス

○高校までのように、固定されたメンバーのクラスはない
○科目ごとに異なる教室に移動して授業を受ける
○他学部の学生や上級生と一緒に同じ授業を受けることもある

3　教材

○高校までのように、科目ごとに決められた教科書はない

○同じ科目名でも先生によって教材が異なる

○教科書のない授業もある

　教材の種類には、教科書（市販の概説書や学術書）、プリント、資料、参考書、Web 教材などがあり、担当する先生から指定される。

● 授業に出て学ぶ

1　出欠席

○授業に出席することは前提である

○出欠をとる先生もいるし、とらない先生もいる

高校
●毎朝の出欠確認がある

大学
○毎朝の出欠確認がない
○出席管理は自分で行わなければならない

2　先生

○それぞれの学問分野の専門家

○教え方はいろいろで、画一的な指導はしない

3 教室

○劇場のように広い階段教室から、小教室までさまざま

○大人数の授業もあれば、少人数の授業もある

4 授業

高校

- ●文部科学省による「学習指導要領」に従っている
- ●教科書に沿って進められる
- ●教えてもらう（受動的）

大学

- ○先生によって、進め方は千差万別
- ○自発的に学び、考える（能動的）

● 授業の形式

3つのタイプ

講義

先生の話を聞きながらノートをとる
進め方は先生によって異なる
　○教科書に沿って
　○配布するプリントに沿って
　○板書中心に
　○キーワードだけを黒板に書いて
　○プレゼンテーション用ソフトウェアのスライドを利
　　用して
グループでの共同作業やディスカッションをする場合も
ある

実習・実験

○少人数（10〜40人程度）
○仮説を立てて実験したり、データ・資料を集めて分析
　する
○節目ごとにレポートを提出することもある

演習・ゼミナール

少人数のグループで、テーマに沿って調べ、考えたことを
発表したり議論をする
　○先生はアドバイザーである
　○学生同士の協力が必要
　○課外活動（合宿など）をすることもある

● 単位を修得する

試験と単位

○試験やレポート、課題等を提出し、合格すると科目ごとに定められた
　「単位」を修得できる

○進級するために、一定の単位数が必要な場合もある

● 卒業

○卒業までのロードマップは、あなた次第
○８年かかって卒業する人もいる

授業科目の種類に注意しよう

　「自分の時間割」を考える際には、卒業までに必要な単位数（卒業要件単位数）を修得するだけではなく、授業科目の種類にも注意する必要があります。

　授業科目の種類は、一般に以下の３種類です。

「必修科目」

　卒業までに必ず履修して、単位を修得しなければならない授業科目です。単位を修得できなかった場合には、同じ科目を再度履修して（再履修）、単位を修得する必要があります。

「選択必修科目」

　指定された複数の授業科目の中から、いずれかを選択して、卒業までに指定された単位数を修得しなければならない授業科目です。たとえば、「「科目名Ａ（２単位）」、「科目名Ｂ（２単位）」、「科目名Ｃ（２単位）」、「科目名Ｄ（２単位）」のうちから４単位以上」と指定されている場合には、科目名Ａ〜Ｄの４科目のうちから２科目以上を選択して、単位を修得する必要があります。

「選択科目」

　複数の授業科目の中から自由に選ぶことができる授業科目です。

　こうしたことは、大学から配布される資料に記されていますが、分からないことや不安な場合などは、大学の相談窓口で必ず確認しましょう。

GPA ってなんだろう？

GPA（Grade Point Avarage）とは、授業科目の成績評価に対して予め設定されたグレードポイント（GP）を用いて算出した数値です。

修得した単位数の合計（多い／少ない）とは別の観点から、大学での学修の成果を表す客観的な指標として、国内外の大学で使用されています。グレードポイント（GP）の設定は大学ごとに異なりますが、一般には GPA の数値が高い方が「学業に対して熱心に取り組んだ」と見なされます。

「ガイダンス」に参加しよう

「キャリアガイダンス」「就職ガイダンス」「奨学金ガイダンス」「国際交流ガイダンス」「図書館ガイダンス」など、大学では日常的にさまざまなガイダンスが開催されます。ガイダンスは、学生のみなさんに対する大学からの情報伝達の機会です。形式は、対面の場合もオンラインの場合もあります。

出席していないと、手続きができないこともありますので、ガイダンスの開催に関する「お知らせ」には、日頃から関心を持つようにしましょう。

コラム　有意義なキャンパスライフのために

　「ハラスメント」とは、「嫌がらせ・いじめ」のことで、他者に対する発言・行動等が尊厳を傷つけたり、不快にさせたり、脅威を与えることを指します。「いじめ」というと小中高生の話と思うかもしれませんが、残念ながら大学でも、そして社会に出てからも巻き込まれてしまう危険性があるのです。

　大学内で起きるハラスメントの総称を「キャンパス・ハラスメント」と言います。学内での授業だけでなく、学外でのゼミナールなどの飲食の場や合宿、サークル活動でも起こる可能性があります。また、メールやSNSでの人権侵害的な言動も含まれます。

　どうして大学ではハラスメントのようなことが起きてしまうのでしょうか。大学には先生と学生、先生と職員、職員と学生といった様々な関係性があります。そこにはパワーの差から発生する「ノー」と言いづらい関係性が存在してしまいます。先生は学生に対して単位授与の権限という強いパワーを持ち、学生間でもサークルなどでの先輩と後輩の間には、上下の関係性があります。

　他方で、学生だから、1年生だから、常に被害者ということでもなく、時には学生から先生に対して、後輩から先輩に対して、ということも起こります。誰もが加害者にも被害者にもなる可能性があるのが、「キャンパス・ハラスメント」です。

　「なんだか怖い」「ハラスメントを受けたらどうしよう」と恐れる必要はありません。ハラスメントのようなことに巻き込まれずに、快適なキャンパスライフを過ごすための『コツ』と、人間関

係を円滑にする『ポイント』をお伝えします。

◆快適なキャンパスライフを過ごすための『コツ』
　・決められたこと、指示されたことはきちんと実行する
　・自分の価値観がすべてではないことを理解し、相手の状況を
　　想像する
　・理不尽な思いをしたり、嫌な気持ちになったときには「嫌で
　　す。不快です」と意思表示する

◆人間関係を円滑にする『ポイント』
　・自分から挨拶をする
　・間違いや失敗は謝る
　・わからないことは素直に聞く
　・注意されたら謙虚に受け止める

　誰もが安心して学ぶことができ、能力を十分に発揮できる環境
をつくるためには、みんなが「ハラスメントとは何か」を正しく
理解していることが大切です。「傷ついたからと言って、すべて
がハラスメントではない」ことも理解しましょう。皆さんに対す
る指導として必要な場合もあるのです（注：ただしセクシュア
ル・ハラスメントは、受けた人が不快だと感じたら、セクシュア
ル・ハラスメントに該当します）。
　ジェンダーを含め、国籍や年齢、職歴、宗教、性的指向、性自
認、障がい等、それぞれ異なる多様な人々が集うのが大学という
場です。立場は違っても人としては対等です。互いを認め合い、
他者の価値観を尊重することを学び、自分の普通・常識・当たり
前が、相手にとっては違うこともあるのだと常に意識して過ごし

てください。このことは社会に出てからも必ず役立つはずです。

　「なんだか尊重されていない気がする」「これはいじめやハラスメントでは？」と思ったら、一人で悩まず助けを求めましょう。大学には相談できる場所があります。相談内容など秘密は厳重に守られます。

〈これらは、すべてハラスメントです！！〉
・所属しているサークルの連絡が自分にだけなく、その理由も教えてくれず、不当に排除されている
・先生が、髪や肩、背中などに触れてくるのが不快
・先生から、授業とは関係のない個人的な内容の連絡が届くのが嫌だ
・友人から、「もっと女性（男性）らしい服装をしたら」と言われるが、個性を否定していると感じる
・「お酒は飲めない」と断っているにも関わらず、先輩がしつこく飲酒をすすめてくる
・提出したレポートを、先生がクラス全員に共有したうえで欠点だけを指摘し、改善点の指導がない

第1章

話を聞き、
ノートをとる

● 大学での講義は、「話す−聞く」が中心

高校では、先生が丁寧に板書し、生徒がそれを書き写す。これが授業の標準的な風景だった。

しかし大学の講義では、先生は板書するよりも、むしろあなたたち学生に向かって語る。あなたは先生の話を理解しながら、「自分で」ノートをとらなくてはならない。

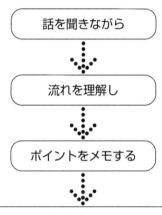

話を聞きながら

↓

流れを理解し

↓

ポイントをメモする

↓

メモをもとにして話の内容を再現できるようになる

これは、大学で身につけるべき大切なスキルだ。

● 良いノートをとるために

　良いノートとは、あとでそれを見て、話の流れや内容を**再現できる**
ノートである。

　良いノートをとるためには、

・キーワードに気を付けながら、書きとめることと、そうでないことを
　区別しながら聞く

・話し手のスタンス（立場や態度）や話し方の個性に注意しながら聞く

・話の「つなぎ」の言葉に注意しながら聞く

・略語や記号を使用して聞きもらしを防ぐ

　不安や疑問があるときは、ためらわずに先生に質問しよう。

● 1　なぜノートをとるのか

　大学の講義は、**先生が話す**ことを中心として進められる。先生が板書するのは、話の内容の理解に必要なキーワードや要点だけだと考えた方がよい。板書しない先生もいるし、必ずしも教科書通りに話が進むわけでもない。

　ノートをとる目的は、

1. 講義の**内容を理解する**こと
2. 後から見返して、話の**内容を再現する**こと

である。

■講義の内容を理解する－ノートをとる目的（1）

　「ノートをとる」とは、先生が話していることを漫然と書き連ねることではない。講義では、先生の経験談もあれば、学生の発言によって話

が脱線したり、話題がひろがることもある。「ノートをとる」とは、そうした状況のなかで「今は何について話しているのか」や「話のポイントは何か」に気を配りながら聞き、話の流れに沿って要点を書きとめることである。ノートをとることを通じて、あなたは講義の内容を正確に理解することができる。すなわち、**講義の内容を理解するために**、あなたはノートをとるのである。したがって、良いノートを作成するためにはまず、話を理解しようという意欲や心構えが必要である。

■**講義の内容を再現する−ノートをとる目的（2）**

　人の記憶は時間の経過とともに薄れていくものであり、ノートは講義内容の全体的な構成や重要なポイントを**思い出す**ためのものである。大学での学びは、自ら問いを立て、その答えを求めてさまざまに考えることである。良いノートからは、講義で話された内容に関する問いや、その問いを考える「手がかり」を得ることができるだろう。そのためには、後から見直した際に「何が書いてあるか分からない」ということのないように、**読みやすく分かりやすく整えておくことが必要である。**

後から見返すと

まとまっていない
読みにくい

読みやすい
分かりやすい

● 2 実際にノートをとってみる

　以下の文章は、ある講義の一場面である。講義を聞いているつもりでこの文章を読みながら、 実際にノートをとってみよう。

　秋になってりんごが落ちたとしましょう。これは、ニュートンの法則に従って、いうなれば必然ですよね。だって、そうでしょ。なんで、もう少し長く枝につながっていなかったのか、なんて、りんごに問い詰めようがない。つまり、必然的ということは、落ちないでいるということがありえない。これは、何もりんごに限ったことじゃないですよね。しゃっくりは、横隔膜がある状態になると、それが原因となって、必然的にしゃっくりが出る。リンゴでも内臓でも分子・原子でも、自然界にあるものはみんな何らかの法則に従って動いている。法則に従って起きる、ということは、他のようにはありえない。これは、現代の常識だといってもいい。これを頭から否定したら、話になりません。でも、そうだとしたらですよ、私がいまこうして話しているのも、何らかの法則に従っている。脳の中でなんか変化が起きる。その結果、声帯が刺激されて音が生じて、これはみんな自然界での出来事だ、と。だったら、私がわかってないだけで、みんな何らかの法則に従って起きている。そうすると、必然的に起こるんだから、こう話さないでいるなんて考えられない。りんごの例と同じだ、と。つまり、自由に何かをしたりしなかったりする意志なんてのは、実はない、ということになる。でも、こうした考えはそうすんなり納得できるものじゃない。で、私たちの心にはやはり、自由にしたりしなかったりする意志の働きがあるんだ、という話になるわけですね。これが、意志の自由、つまり、いわゆる自由意志論です。だけど、そう主張すると、今度は自然界には、法則に従って必然的に動くだけの物と自由に意志する心という、全く異なる二種類のものがある、ということになる。少し難しく言うと、二元論。つまり、あり方・動き方が大本から違う、二種類のものから世界はできている、と。でも、こうした二元論は、科学との折り合いがすごく難しい。そうすると問題は、いきなり二元論に行くのじゃなくて、自由意志と言われているものを、何とか説明できないだろうか、というふうになる。

「話のポイント」をおさえることはできただろうか。

ゆっくりした口調で話しても何分もかからないこの短い話でさえ、内容はかなり込み入っている。

話の流れは、次のようになっている。

1

1. 常識となっている考え方を、紹介する。
   「自然界の変化は、法則に従って、必然的に起きる」
2. その考え方が持つ問題点を、指摘する。
   「人間の思考や行為も必然的に起きる、ということになって、自由と両立しない」
3. その問題点を解決しようとする、一つの考え方を紹介する。
   「人間には、意志の自由がある」
4. その考え方の問題点を、指摘する。
   「自然界についての二元論となって、科学と折り合いが難しい」
5. これから考えるべき論点を、示す。
   「いきなり二元論に行かずに、自由意思を説明する必要がある」

話の内容を理解し、再現できるノートがとれただろうか。

●3　良いノートとは

講義のあとで、時間がたってもノートを見れば講義の際に理解した話の流れや内容を**再現できる**（思い出せる）のが、**良いノート**（使えるノート）である。

良いノートには共通して次のような特徴がある。

1. 完全な文章になっていなくても、話の内容を再現するのに必要な情報（話の流れと要点）が書かれている。
2. キーワードが一目で分かるように書かれている。
3. 余白が十分にあり、後から自分が調べたことなどを書き加えることができる。

●4 キーワードに気を付けながら聞く
──良いノートのために

　講義のキーワードは、それぞれの学問分野の専門用語であることが少なくない。専門用語は、日常的な会話とは異なる意味で使われることが多く、話の内容を正しく理解するためには注意が必要である。

〈例〉

	日常的な意味	専門用語
主観	先入観にもとづいた個人的な意見 「それはあなたの主観でしょ？」	認識する主体 「主観と客観との二項関係は…」
コンプレックス	劣等感 「偏差値コンプレックスは…」	複合体 「最近のシネマ・コンプレックス」
信用	相手を信頼して任せる 「商売は、信用が第一」	引渡しと支払いの間に 一定の時間がある取引 「信用の膨張による、 通貨の流通量の変化」

　また、たとえば「シセイ葉書」「シセイの人々」「シセイ方針演説」などのような同音異義語は、話の内容とのつながりから判断して適切な漢字で書きとめる必要がある。十分に聞き取れなかった用語や、意味が分からない用語には「？」などの記号（マーク）をつけておくとよい。不

安や疑問があれば、できるだけ早く先生に質問して解決しよう。

●5　話し手のスタンス（立場や態度）に注意しながら聞く
——良いノートのために

1

　先生が自分の見解や主張を述べているのか、あるいは他人の考えを紹介しているのかの違いを聞き分けることが必要である。たとえば、先生が次のように話したとする。

　この学派によると、労働力市場も、労働サービスが売買される市場なのだから、不況になって仕事が減れば、それに応じて賃金も下がるはずである。そうならないのは、売り手つまり労働者の側が組合をつくって結託し、売り手と買い手の自由な取引を妨害しているからだ、ということになる。しかし、この考え方には致命的な問題がある。そもそも労働力とは、具体的に生活を営んでいる人々が提供するサービスなのであって、他の原材料のように仕入れを増やしたり減らしたりするわけにはいかない。

　この場合、「しかし、この考え方には致命的な問題がある」から後は、先生の見解である。

　また、他人の考えに賛成（肯定）しているのか、反対（否定）しているのかにも注意しよう。この例の場合、先生は否定的な見解を持っていることが分かる。話し方や語調の違いによって、先生のスタンスに気が付くこともある。

●6 話の「つなぎ」の言葉に注意しながら聞く
──良いノートのために

　次のような言葉は、一般に、話の流れの変わり目に使用されることが多い。聞き逃さないようにしよう。

「いいですか」大事なことを言い始める

「まず」「第一に」列挙を開始する

「というのも」理由や論拠を言い始める

「他方」「にもかかわらず」対立や対照に注意をうながす

「そうしてみると」「したがって」帰結を述べる

「少なくとも」話が成り立つ範囲を限定する

「仮に…だとしたら」一つの可能性を想定した話をはじめる

「要するに」要約する

「ちなみに」少し細かい話に入る

「それは、さておき」細かい話を切り上げて、話の本流にもどる

●7　話し方の個性に注意しながら聞く
——良いノートのために

　話し方には先生の個性が表れる。大事なことを何度も繰り返す先生も
いれば、強調する部分をゆっくり話す先生もいる。口ぐせや身振り手振
り、話す速度など、それぞれの先生の個性に応じて、聞き方やメモの仕
方を柔軟に変えることが必要である。

　同じ先生でも、内容に応じて、たくさんの身近な事例を紹介する時も
あれば、専門用語や理論的な話が続く時もある。先生の話し方や説明の
仕方に応じて、聞き手としてどのように対応するか、いろいろと工夫し
てみよう。

●8　書きとめることと、そうでないことを区別しながら聞く
——良いノートのために

　講義は一般に、90分〜100分間で行われる。時間内には時々、ちょっ
としたエピソードや最近の出来事など、聞き手の関心を高めるために、
講義内容とは関わりの薄い話が差しはさまれることもある。重要度に応
じて書きとめる事柄の優先順位を判断しながら聞き、メリハリのある
ノートにしよう。

　先生の話を文章で書きとめようとすると、書くことに気を取られて聞きもらすことが多くなる。講義で何度も出てくる言葉を略語で書いたり、線や矢印を使って補足事項を書き加えたり、論理的な関係を記号で表すなど、効率よく書きとめる方法を考えてみよう。

　また、話を聞いた際の自分自身の共感や違和感、反論、疑問点なども、記号や簡単な言葉で書きとめておくと、あとで見返したときに、話の内容をより鮮明に思い出すきっかけとなる。

■講義で頻繁に出てくる言葉を、略語で書きとめる

〈例〉

新古典派	→	N古
マーケット・リサーチ	→	MR
ネオリベラリズム	→	Nリベ

■詳しい説明が加わったら、線を使って補足を書き加える

〈例〉
労働の需要と供給のバランスがくずれる
　↑　　　↑
　求人　　求職

賃金の下方硬直性：労働者の賃金が一定以下に低下しない状態
　↓　　　　　※求職者数が倍でも賃金は半分にならない
非自発的失業の発生
　　　労働者は働く意思がある
　　　　↑
　　　現行の賃金水準の下で

■論理的なつながりを、記号や略語で表す

〈例〉

：　主語と述語、事項とその解説

　　　間接税：税を納める人と負担する人が異なる、
　　　　　　　消費税や関税など

ex.　事項と例　（example，例）

　　　直接税　ex.　所得税、相続税など

⇔　同値（一方が真なら、他方も真、または、
　　　　　　　一方が偽なら他方も偽という関係が成り立つ）

　　　稲妻が走る　⇔　空中で放電が起きている

⇒　含意（前提と帰結）

　　　哺乳類である　⇒　脊椎がある

c→　原因と結果　（cause，原因、引きおこす）

　　　プレートの歪み　c→　地震

e→　あることと、その影響　（effect，結果、効果）

　　　高度成長のいきづまり　e→　新興宗教の台頭

vs.　背反・両立困難　（versus，…対…）

　　　夜警国家　vs.　セーフティ・ネット

∴ 直前に述べたことの理由（なぜならば）

エネルギー価格の高騰
∴ 戦争が勃発 **c** → 物価高

?! よくわからない（先生に質問するか、自分で確認しよう）

セーフティ・ネット **?!**

以下のノートは、上記の略号を用いて書かれている。これをもとにして話を復元してみよう。

ソフィスト
: 古代ギリシャの職業的知識人
: 弁論術などを教える ←e 民主主義

雄弁：出世の武器

: 相対主義を主張

relativism
真善美 etc. : ---にとって relative to---
--- との関係においてのみ

相対主義の背景
: 地中海交易 c→ 異文化交流 e→ 相対性の自覚

● 10　自分のノートを使ってみよう

　講義のあとは、なるべく早くノートを見直して、省略した言葉を補足したり、重要なポイントに下線を引くなどして、ノートを完成させよう。また、友人たちとノートを持ち寄って授業の内容を再現してみると、自分の理解が不足している部分が分かるとともに、より深く理解することや視野を広げることができる。理解できていない内容は決してそのままにせず、ためらわずに先生に質問しよう。

　特に関心のある科目については、講義全体のマインドマップを作成するなど、ノートの内容を改めて整理しなおしてみるとよい（マインドマップについての詳細は、巻末の文献案内を参照）。

話を聞きながらメモするスキルを身につけよう

　学生生活でも、社会人になっても、会合や講演会などに参加して、そこで得られた内容を誰かに報告する機会があります。日頃から良いノートをとろうとすることで、人の話を聞きながら、流れを理解しつつ要点を書きとめ、的確な報告ができるスキルが自然に身につくようになります。

「わかる」ということ

　講義や本の内容が「よくわからない」ということが時折生じることがあります。先生から「わからないことは何でも質問しなさい」と言われても、「何がわからないかがわからない」ということもよくあります。

　「わかる」とは一体どういうことでしょうか。「まぐれ当たり」で正解を言えて、人にもほめられたが、あまり喜べなかった、という経験はありませんか。「わかる」ことには快感が伴います。これは自分の中に信頼できる味方を得た喜びなのです。

　「わかっているかどうか」を自分で確かめるには、人に説明して納得してもらえるかどうか、それを試すことです。では、どうしたら「わかる」ようになるでしょう。わからない事柄を解剖して、どこが「わからない」かを突き止めるしかありません。

　本を読むときでもノートを読み返すときでも、別の言葉で言い換えられない個所、例をあげて説明できない個所、そうした個所を丹念に洗い出してみましょう。そうしていくうちに、何が不足しているかが少しずつ見えてきます。それは容易なことではありませんが、そのようにして「わかった」ときに得られる喜びは、何にも代えられません。大学生の間にこの喜びをたくさん経験してください。

●第2章●

自分で調べる

● 自分で調べて考えることは、大学での学びの基本

○信頼できる情報源から情報を得る

○入手した情報が確かであるかを確認する

○情報には、送り手の価値観が反映されている

● 用語の意味を確認する

○百科事典、専門用語事典、入門書を活用する

● 本を読む

○大学の図書館で所蔵している本を探す

○自分の大学の図書館に所蔵されていない本を探す

● 雑誌論文・記事、新聞記事を読む

○データベースを活用する

● 統計データを探す

○公的統計を探す ― e-Stat

○統計データを適切に活用する

● 調べた情報を記録する

○記録の蓄積は、あなたの貴重な財産となる

(注) 本章に記載するデータベース名や提供・運営機関名、ウェブサイトのアクセス先 (URL) 等は、いずれも2024年1月現在の情報である。

●1　自分で調べて考える

　講義を聞いて、自分の知識を増やし理解を深めるのは、先生に「教えてもらう」ことによる学びである。ただし、これは大学での学びの片面でしかない。もう片面は、**自分で調べて考える**ことだ。レポートを書く際や、ゼミナールで議論やプレゼンテーションをする場合など、大学での学びにおいて、自分で調べて考えることは欠かせない。もちろん、関心のあるテーマを自主的に調べて考えることで、あなたの大学での学びは、より充実したものとなるだろう。

　何かについて調べるならば、Google などの検索エンジンで調べて情報を得るのが手っ取り早いと考える人は多いだろう。日常生活においては、そのような考え方が特に問題とならないことも多い。ただし、確かで価値のある知識や情報を基盤とする大学での学びにおいては、手っ取り早くではなく、**信頼できる情報源から情報を得ることや、入手した情報が確かなものであるかを確認する**などの注意深い姿勢が必要である。インターネットの情報には不確かなものがあるということを改めて強く意識しよう。

新聞、雑誌、テレビなどのマスメディアが伝える情報は、記事や画像などを作成する人たちが、自らの考えにもとづいて集めた情報を加工し送信しているという点を認識しておきたい。そうした情報には、送り手の価値観が確実に反映されているのである。情報の送り手の価値観が異なっていれば、伝えられる情報も違うものとなる。

　私たちが接する情報のほとんどは、他者によって作成され、編集されたものである。手元にある情報について、だれが何のために発信したものなのかを確かめ、その内容の信頼性を見定めることを欠かしてはならない。情報がメディアによって作られていることを認識したうえで、それらを適切に扱う能力のことを**メディアリテラシー**という。自分で調べる学びを通して、メディアリテラシーも身につけよう。

●2　用語の意味を確認し、正確な予備知識を得る

　自分で調べる際に、まず必要なのは用語の正確な意味を確認することである。

　たとえば、「非正規雇用の人々の解雇について、実際の事例を調べたうえで、その是非を論じなさい」というレポート課題が出された場合、「非正規雇用※」とは「フリーター」のことだという思い込みにもとづいて是非を論じた内容は、課題に対する適切なレポートであるとは言えないだろう。非正規雇用とは、パート、アルバイト、契約社員、派遣社員、嘱託などの、正規雇用以外の労働者の総称であり、フリーターは非正規雇用の一部にすぎないからである。

※「非正規雇用」は、「日本大百科全書（ニッポニカ）」（小学館）において次のように解説されている。
　「正社員の雇用」を意味する正規雇用に対することばであり、「非正社員の雇用」と同義である。非正規雇用に含まれる労働者は、パートタイマー、アルバイト、契約社員、派遣社員、請負労働者、期間工、季節工、準社員、フリーター、嘱託など実にさまざまなタイプの労働者であり、正規雇用以外の労働者である。（以下略）

　大学での学びにおいては、特に学問分野（たとえば経済学、法律学、経営学、商学、社会学、心理学、文学、言語学、情報学など）の専門用語の意味を正しく理解する必要がある。

　専門用語の意味を調べる場合には『広辞苑』のような国語辞典ではなく、百科事典、専門用語事典（○○学事典など）、時事用語事典、または、『□□学入門』『○△学概論』『よくわかる△△学』などのタイトルで出版されている入門書を活用しよう。大学の図書館には、大学での学びにおいて有用な辞典・事典、入門書がそろっている。

　「ジャパンナレッジLib」（提供元：ネットアドバンス）のように、大学図書館のウェブサイトから利用する辞典・事典類のデータベースもある（ただし利用する場合には、大学が発行するアカウントが必要である）。

　ウェブサイトから誰もが利用できる、「コトバンク」（提供機関：DIGITALIO、C-POT）や「Wikipedia」（運営機関：ウィキメディア財団）などもある。

　「コトバンク」では、出版社などが提供する辞典・事典類を横断的に検索することができる。解説に付されている「出典」で、どの辞典・事典の解説なのかを確認しよう。

　「Wikipedia」は不特定多数の人々（ボランティア）による編集（執筆・加筆・修正）を特徴とする。列挙されている「脚注」「出典」「参考文献」や、他の辞典・事典などから、解説されている内容の信頼性（事実誤認や誤字・脱字、客観的な検証ができていない内容などがないか）を必ず確認しよう。なお、内容の信頼性が保証されていないため、レポートやプレゼンテーションなどにWikipediaの解説文をそのまま引用することや、Wikipediaを参考文献として明示することは適切ではない。

● 3　本を読む

　自分で調べる学びにおいて、本を読むこと（読書）の重要性は言うまでもないだろう。（紙書籍でも、電子書籍でも）本には、特定のテーマに関する内容が体系的にまとめられている。私たちは本を読むことによって、雑誌や新聞、インターネットなどの断片的な情報とは異なる体系的な知識を得るとともに、著者の思考の跡をたどりながら考える力を身につけることができる。

■大学の図書館で所蔵している本を探す

　調べる事柄が決まっているとしても、読むべき本を決めるのは、それほど簡単ではない。まずは、大学の図書館にはどのような本があるのかを見てみよう。

　ほとんどの図書館では、「日本十進分類法」による分類番号によって同じ主題（テーマ）の本が近くにまとめて並べられている。関心のある主題の本が並んでいる書架（本棚）から一冊ずつ手に取って、目次や前書き、著者の略歴、出版社名や出版年などをざっと見てみよう。いろいろな本を見ている間に、徐々に読むべき本を絞り込めるようになるだろう。もちろん、実際に読んでみたら期待していた内容と違っていたということもある。逆に、それほど期待せず読んでみた本から重要な情報を得ることができたということもある。そうした経験を積み重ねて、的確な本を選ぶ力を身につけよう。

　関心のあるテーマの本がどのあたりの書架に並んでいるのか分からない場合や、読むべき本のタイトルや著者名が分かっている場合には、オンライン蔵書目録である「OPAC」（Online Public Access Catalog：一般には「オパック」あるいは「オーパック」と呼ばれている）を使うとよい。出版社名や出版年を指定したり、検索結果の並び替え、貸出中の本の予約など、知っておくと便利な機能もある。できるだけ早い時期に使いこ

なせるようになろう。本が置かれている場所は「請求記号」として表されている。

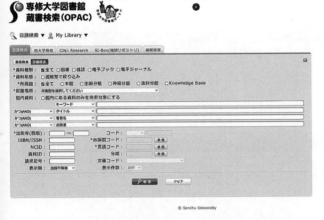

専修大学図書館の OPAC の画面（詳細検索）
https://opac.lib.senshu-u.ac.jp/iwjs0008opc/cattab.do
（2024 年 1 月現在）

日本十進分類法（NDC）

本学図書館では分類番号に「日本十進分類法」を採用しています。「日本十進分類法」とは、各図書資料の主題を体系化したものです。

第2次区分表

00 総記. 情報科学	40 自然科学	80 言語
01　図書館. 図書館学 02　図書. 書誌学 03　百科事典. 用語索引 04　一般論文集. 一般講演集 05　逐次刊行物. 一般年鑑 06　団体. 博物館 07　ジャーナリズム. 新聞 08　叢書. 全集. 選集 09　その他の特別コレクション	41　数学 42　物理学 43　化学 44　天文学. 宇宙科学 45　地球科学. 地学 46　生物科学. 一般生物学 47　　植物学 48　　動物学 **49 医学. 薬学**	81　日本語 82　中国語. その他の東洋の諸言語 83　英語 84　ドイツ語. その他のゲルマン諸語 85　フランス語. プロヴァンス語 86　スペイン語. ポルトガル語 87　イタリア語. その他のロマンス諸語 88　ロシア語. その他のスラヴ諸語 89　その他の諸言語
10 哲学	**50 技術. 工学**	**90 文学**
11　哲学各論 12　東洋思想 13　西洋哲学 14　心理学 15　倫理学. 道徳 **16 宗教** 17　神道 18　仏教 19　キリスト教. ユダヤ教	51　建設工学. 土木工学 52　建築学 53　機械工学. 原子力工学 54　電気工学. 電子工学 55　海洋工学. 船舶工学. 兵器 56　金属工学. 鉱山工学 57　化学工業 58　製造工業 **59 家政学. 生活科学**	91　日本文学 92　中国文学. その他の東洋文学 93　英米文学 94　ドイツ文学. その他のゲルマン文学 95　フランス文学. プロヴァンス文学 96　スペイン文学. ポルトガル文学 97　イタリア文学. その他のロマンス文学 98　ロシア・ソヴィエト文学. その他のスラヴ文学 99　その他の諸文学
20 歴史. 世界史. 文化史	**60 産業**	
21　日本史 22　アジア史. 東洋史 23　ヨーロッパ史. 西洋史 24　アフリカ史 25　北アメリカ史 26　南アメリカ史 27　オセアニア史. 両極地方史 28　伝記 **29 地理. 地誌. 紀行**	61　農業 62　園芸. 造園 63　蚕糸業 64　畜産業. 獣医学 65　林業 66　水産業 67　商業 68　運輸. 交通. 観光事業 69　通信事業	
30 社会科学	**70 芸術. 美術**	
31　政治 32　法律 33　経済 34　財政 35　統計 36　社会 37　教育 38　風俗習慣. 民俗学. 民族学 39　国防. 軍事	71　彫刻 72　絵画. 書道 73　版画 74　写真. 印刷 75　工芸 76　音楽. 舞踊 77　演劇. 映画 **78 スポーツ. 体育** **79 諸芸. 娯楽**	

図書館利用案内「図書館の教科書」（専修大学図書館、2023.4.1 発行）より転載
https://library.lib.senshu-u.ac.jp/information/service

■自分の大学の図書館に所蔵されていない本を探す

　どんなにたくさんの本を揃えている図書館であっても、必要な本が全てあるとは限らない。OPAC を検索して所蔵されていないことが分かった場合には、目的に応じて次のようなウェブサイトを調べてみよう。

・他の大学図書館の所蔵を調べる
　CiNii Books　*https://ci.nii.ac.jp/books/*
　Webcat Plus　*http://webcatplus.nii.ac.jp/*

・自分が住んでいる地域の図書館（公共図書館）の所蔵を調べる
　カーリル　*https://calil.jp/*

・国立国会図書館の所蔵を調べる
　国立国会図書館サーチ　*https://ndlsearch.ndl.go.jp/*

・オンライン書店で購入できるかを調べる
　Amazon、honto、楽天ブックス、紀伊國屋書店ウェブストアなど

　必要な本が他の図書館に所蔵されていることが分かったら、あるいは、自分の大学の図書館で購入してもらいたいと思ったら、必要な手続きについて図書館のレファレンス・カウンターなどで相談しよう。

● 4　雑誌に掲載されている論文や記事を読む

「週刊東洋経済」（東洋経済新報社）や「ジュリスト」（有斐閣）など
の実務者向けの雑誌や、「世界」（岩波書店）などの総合雑誌は、毎号、
特定のテーマに焦点を絞ったコンパクトな論文や記事を掲載しており、
時事的なテーマについて調べるときには欠かせない。また、学術団体
（学会）や大学が編集・発行する学術雑誌や紀要には、各学問分野の研
究成果が学術論文として掲載されている。

　自分が調べているテーマについて、どのような記事や学術論文がある
のかを探す場合には、

CiNii Research　*https://cir.nii.ac.jp/*

で「論文」を指定して検索するとよい。検索結果の画面に表示されてい
る「機関リポジトリ」や「DOI」などのマークは、本文等へのリンクで
ある。ウェブ上に本文が公開されている場合には、リンクをたどること
で画面上で読むことができる。それ以外は、その論文等が掲載されてい
る「雑誌」の所蔵を OPAC や CiNii Books で調べよう。その際には、雑
誌のタイトルとともに、当該論文等を掲載している巻号が所蔵されてい
るかを確認する必要がある。

● 5　新聞記事を読む

　新聞記事によって、特定の出来事等に関する時々刻々の変化を知るこ
とができる。たとえば、次のような各新聞社のデータベースを活用して、
過去に掲載された記事を探そう。

朝日新聞クロスサーチ（朝日新聞）、ヨミダス歴史館（読売新聞）
毎索（毎日新聞）、日経テレコン（日本経済新聞等）
産経新聞データベース（産経新聞）

　新聞記事は、記事の書き手（記者）や新聞社の視点にもとづいた内容
でまとめられていることから、複数の新聞社の記事を読むようにしよう。

●6　統計データを探す

　統計は、集団における個々の要素の分布を調べ、集団の傾向や性質な
どを数量的に明らかにするもので、統計データを適切に活用することに
よって、より深い理解や洞察を得ることが可能となる。
　統計データには、国の行政機関や地方自治体等の公的機関が作成する
「公的統計（官庁統計）」と、業界団体や研究機関、企業などが作成する
「民間統計」がある。公的統計は一般に、調査方法や調査結果の信頼性
が高く、インターネットを通じてアクセス可能である。

■公的統計を探す

　日本のさまざまな統計情報を探すには、日本政府（各府省）が公表す
る統計データを一覧できる e-Stat を利用しよう。

e-Stat 政府統計の総合窓口　*https://www.e-stat.go.jp/*

　このサイトにアクセスしたら、まずは「キーワード検索」によって、
どのような統計データがあるのか（統計名、調査の概要など）を調べて
みるとよい。検索結果の件数が多い場合には、「分野」や「作成してい
る組織（政府機関）」等で少しずつ絞り込んでいくことができる。

他にも、たとえば「北海道の状況を示す統計データが欲しい」という
ような、各都道府県の統計データを効率良く探したい場合には、e-Stat
にある「統計関係リンク集」の「都道府県のページ」をたどることで、
各都道府県の公式サイトで公開されている各種の統計データを一覧する
ことができる。また、「統計年鑑等の統計書」の「世界の統計」を利用
することで、人口や貿易、環境などのさまざまなテーマに関する各国の
状況や各国間の比較をするための統計データを入手することができる。

e-Stat 統計関係リンク集　*https://www.e-stat.go.jp/relatives*
世界の統計　*https://www.stat.go.jp/data/sekai/*

　あれこれと探しているうちに、自分の役に立ちそうなデータが何なの
かが少しずつ明確になってくることもある。まずは、**いろいろな統計
データの存在を知ること**から始めよう。

　e-Stat を活用できるようになると、たとえば「日本の平均年収はどれ
くらいか？」「最近の失業率は？」「各地域の人口は増えているのか減っ
ているのか？」など、多くの疑問に答えを見つけることができるように
なる。e-Stat は信頼性の高い情報源であり、データがきちんと調査され、
整理されているため、レポート作成などの大学での学びにおいて、役立
つリソースとなる。

e-Stat の画面
https://www.e-stat.go.jp
（2024 年 1 月現在）

■統計データを活用する

　e-Stat では、統計データが Excel、CSV、PDF などのファイル形式で提供されているため、手元のパソコンにダウンロードすれば数値データとして活用することができる。「e-Stat 政府統計の総合窓口」の「統計データの活用」メニューの「グラフ（統計ダッシュボード）」では、主要な統計データがグラフや分布図などで示されている。これらを参考にして、統計データの効果的な提示（見える化）や活用の仕方を考えてみよう。

　ただしその前に、各数値データが何を表しているのかを正しく理解しておく必要がある。特に次の 2 点に注意しよう。いずれも、統計調査を実施している政府機関のサイトで確認することができる。

1. 統計データを収集するときの調査の方法（調査の時期、調査対象とその抽出方法、調査項目など）
2. 調査項目の定義（調査結果等で使用されている用語の定義や内容の説明）

たとえば、「社会生活基本調査」（総務省）で調査項目とされている「旅行・行楽」の集計結果を活用する場合には、「社会生活基本調査の結果」のサイト（*https://www.stat.go.jp/data/shakai/2021/kekka.html*）の「用語の解説」で、"旅行とは、1泊2日以上にわたって行う全ての旅行をいう。行楽とは、日常生活圏を離れて宿泊を伴わず半日以上かけて行うものをいう。また、夜行日帰りを含む。"と定義されていることを確認する必要がある。

　また、e-Statで公開されている情報をレポートやプレゼンテーションなどで利用する際には、次のような出典（府省名、統計調査名）の記載が必要である。

出典）社会生活基本調査（総務省）

https://www.stat.go.jp/data/shakai/2021/index.htm（2024年3月6日に利用）

出典）体力・運動能力調査（スポーツ庁）

https://www.mext.go.jp/sports/b_menu/toukei/chousa04/tairyoku/1368148.htm　をもとに加工して作成

　その他、以下のサイトに示された利用ルール等を厳守しよう。

サイトの利用について　*https://www.stat.go.jp/info/riyou.html*

　統計データを含むさまざまなデータ（ビッグデータなど）の活用については、コラム「大学での学びと数理・データサイエンス・AI（人工知能）」（p.46〜48）を参照してほしい。

●7　調べた情報を記録する

　Aさんの履修している講義で、「わが国の社会保険制度の必要性と問題点について論じなさい」という課題が出された。Aさんは「あれ、どこかで聞いたようなテーマだ」と感じた。そう、実は別の授業で「非正規雇用の実態」について学んだ時に、Aさんは関わりがあるテーマとして社会保険制度について調べて発表したことがあった。Aさんはさっそくその時のメモを見直して、さらに新たな情報を加えながら今回の課題に取り組んだ。

　このように、自分で調べた情報を別の機会で利用することができるように、主要な事柄を記録・整理してまとめておこう。調べた内容を記録・保存する際には、次のような項目を考慮するとよい。

・本については
　著者名（翻訳書の場合は、原著者名と訳者名）、出版年、タイトル、出版社名、その他（キーワードや著者の略歴、図書館の請求記号など）
・論文・雑誌記事については
　著者名、発行年、（論文・記事の）タイトル、雑誌名、巻号数、ページ数、その他（キーワード、本文へのリンク（URL）など）
・新聞記事については
　著者名（あるいは新聞社名）、発行年、記事のタイトル、新聞名、発行日、その他（データベース名、取得日など）
・ウェブサイトについては
　著者名、タイトル、更新日、入手先（URL）、入手した日付、その他

本の一部分や論文・記事のコピーも、タイトルや著者名などを記して保存しておくとよい。

　これらの記録は、レポートなどで本や論文等の内容を引用する際にも役立てよう。

　引用の原則は、

・他の人の著作物で示された文章や内容と、自分の文章とが明確に区別されていること
・使用した部分の出典（出所）が明記してあること

である。したがって出典として明記すべき事項は、もれなく記録しておきたい（詳しくは、第5章 p.117〜122）。

　これらの記録と一緒に、本・論文・記事の要約、印象に残った文章やインスピレーションを受けた文章の抜粋、さらに内容に関する自分の考えや感想などを読書メモとして残しておくとよい。読書メモは後々役立つこともあり、その蓄積はあなたの貴重な財産となるだろう（p.60参照）。

　記録した情報は、クラウドサービス（オンラインストレージ）を利用して保存しよう。パソコン、スマートフォン、タブレット等でインターネットに接続すれば、自宅から、大学から、あるいはその他どこからでも、いつでもファイルにアクセスして参照・加筆・修正が可能である。定評あるオンラインストレージサービスとしては、Google ドライブ、OneDrive（マイクロソフト）、Dropbox などがある。

●8　先生のアドバイスを得る／友人と協力する

　まずは、自分で調べて考えるところから始めよう。ただし、どこから手をつけたらよいか分からない場合や、行き詰まってしまった場合には、各学問分野の専門家である先生からアドバイスを受けることも有効な学びの方法である。より的確なアドバイスを得るためには、「自分で□□や△△を調べたのですが、この後どうしていいのか分からなくなったので…」というように、どこまでどのように進めたのかを具体的に説明するとよい。

　同じ講義やゼミナールの人たちと協力するのもよいだろう。ノウハウや情報を共有することは、お互いの視野や知識を広げることになる。周りの人に「どうやって調べたの？」などと声をかけてみよう。

　本などの資料から学ぶだけでなく、周囲の身近な先生や優れた友人から、役立つ情報・データの調べ方や効果的な対象へのアプローチ方法といった学びのノウハウや方法論を教えてもらうことも、大学での貴重な学びとなる。

コラム 大学での学びと数理・データサイエンス・AI（人工知能）

　2020年代に入って日本の大学では、数理・データサイエンス・AI（人工知能）の素養を身に付けることが重要視されるようになってきました。AIの利活用が不可欠になる社会が始まってきています。そのような社会での大学生として修得すべき素養は、大学での学習や研究、様々なアイディアの創出などの場面で、どのようにAIを活用したら良いのか、どのようなリスクが存在し注意する必要があるのかを知ることです。それらに加えて、今後の技術の発展とともにその知識をアップデートできるようになることも重要です。

　このコラムでは、これまでのスマートフォンを含むコンピュータやインターネットの発展が、データサイエンスやAIの発展にどのように影響を及ぼしてきたのか、簡単に紹介していきます。

　様々な学問分野では、実験、観察、アンケートなどを行い得られた数値データを、現象を説明する数式モデルとつきあわせて研究が進められてきました。少数のデータを単純な計算式で分析するのであれば、人間が手でも計算できます。パソコンの表計算ソフトを使って分析をすることはこの延長線にありますが、多くのデータをより速く、より正確に計算することができます。コンビニなどの企業では、POSシステムという仕組みを構築し、レジを通じて売上データがすぐに入力され、その大量なデータ（ビッグデータ）を元にすぐに分析し、効果的に仕入れや商品開発をしています。

　AIを開発するために使用されるビッグデータは、1990年代にインターネットが普及することで得られるようになってきました。Webによってテキストでの情報提供が全世界規模で広がり、

必要なデータを探せるようにするために検索エンジンが登場し、その実現のために Web 上のすべてのテキストが一箇所に収集されるようになってきました。

　検索エンジンが広く使われ出した頃にも仮名漢字変換や自動翻訳が研究され実用化されていましたが、現在と異なり、人間が様々な関係性をプログラムとして表し、ソフトに組み入れていました。その後、Web 上のテキストをデータとして、自動的に関係性を学習する AI が登場し、人間が開発してきたものよりも短期間でより性能が良いものを生み出せることがわかってきました。SNS の口コミ（テキスト）と、それに関連する行動を示す数値との関係も、人間の行動を扱う分野では、ビッグデータから大きな知見を得られるようになってきました。

　一方、画像や音声はその内容や意味をコンピュータが取り扱える形にするには、まだまだ遠い夢だと考えられてきました。それも、デジタルカメラ、スマートフォン等の機器の普及により、写真、音声、動画データが大量に作られるようになり、2010年代になって研究が進んでディープラーニング（深層学習）という AI 技術により、音声から文字を取り出す音声認識、画像に写っている人、もの、文字を認識できるようになってきました。

　その発展上に、人間からの質問に対して回答文や画像などを自動生成する AI も登場して、生成されたものが、人間が作ったのか AI が作ったのかほぼ区別できない所までやってきています。AI も誤ることがあるということも含めて、区別できなくなっています。

　以上を踏まえて、皆さんに行動してもらいたいことがあります。大学のような学問の場では、これまでも事実に照らし合わせて推論をし、その結論に対して批判的に検証することが行われてきま

した。AIの発展に対応していくには、さらにこの姿勢を深めていく必要があります。AIの示す回答に対して、それを検証する方法を、大学の様々な学習、研究活動を通して身に付けていかなければなりません。

　自分で、あるいはゼミなどの仲間たちとデータを用意し、データサイエンスやAIの手法を用いて、自分たちで手を動かしながら分析し、互いに結果を確認していくことで、AIの可能性や限界に気づくことがあるでしょう。AIによって、先人の研究の素晴らしさを理解できることもありますし、先入観による思い込みで見えてこなかった所にAIを通じて新たな発見ができることもあるでしょう。ぜひ、AIを活用した知的活動にチャレンジしてください。

●第3章●

文章を読む

● 大学では、学術的な文章を自分で読む

なんとなく文字を目で追っているだけでは、学術的な文章の内容を理解することはできない。特徴や構造を意識しながら自分で読む経験を積み重ねていこう。

● 学術的な文章には、特徴がある

○抽象的な言葉が多い
○専門用語が多い
○複雑な構造の文がある
○接続詞が多い

● 学術的な文章は、主張と論拠が書かれている

著者の主張（著者の意見や見解）と、その論拠を読み取ろう。

● 学術的な文章は、パラグラフを意識して読む

学術的な文章の全体は、複数のパラグラフによって構成されている。

パラグラフ間の関連を意識しながら読み進めることで、全体の内容を理解しよう。

●1　学術的な文章を読む

　さまざまな学問分野の専門的な事柄に関する研究や論理的思考の成果は、学術的な文章で著されている。作者の心情や心象などを表現した文学作品などの文章とは異なり、学術的な文章では、著者の主張※が論拠とともに論理的に示されている。大学の学びにおいては、学問的な知識や論理的な考え方を身につけるために、専門書や学術論文を読むこと、すなわち、学術的な文章を読みこなすことが極めて重要である。

　ただし、漫然と読み進めるだけでは、その内容を的確に理解することはできない。以下に説明する特徴や構造を意識しながら、多くの文章を読む経験を積み重ねていこう。

※一般に、学術的な文章の執筆者は（「作者」ではなく）「著者」という。
　また「主張」とは、著者が学術的な思考の成果として述べる意見や見解のことである。

● 2　学術的な文章の特徴

学術的な文章には、次の4つの特徴がある。

・抽象的な言葉が多い
・専門用語が多い
・複雑な構造の文がある
・接続詞が多い

■抽象的な言葉が多い

学術的な文章は、学術的な思考や見解を表した文章である。学術的な思考は、個別の具体的な事象や事例を一般化することを基本としている。「一般化する」とは、さまざまな対象に共通する本質的な性質や概念などを導き出すことであり、個別の対象から共通する性質だけを取り出すこと、つまり抽象という手続きが欠かせない。

たとえば、「りんご」「バナナ」「ぶどう」という具体的な名前しか知らない幼児にとっては、特定の形も色も香りもない「果物」は抽象的な言葉である。そして「果物」という言葉を理解すると、「なにか果物が食べたい」というように、共通の性質を持つ複数の対象を的確に言い表すことができるようになる。

学術的な文章の著者は、抽象的な言葉を使用することによって、自らの主張（学術的思考の成果）を的確に読者に伝えているのである。

〈例〉

これらの事例は、たしかにどれも異常（アブノーマル）である。しかし、それらは統計的に異常（アブノーマル）だということであって、必ずしも規範的に異常（アブノーマル）であるわけではない。

　「統計的に異常」や「規範的に異常」は、日常会話では使わない言葉であり、違和感があるかもしれない。実はこの文脈での著者の主張は「一般成人が100メートルを10秒以下で走ることや、あるいは30秒以上かかる人は、人数や頻度から言えば滅多にないが、10秒以下や30秒以上で走ったからといって「何秒ぐらいで走るべきだ」という規範を踏み外しているわけではない」ということなのである。特に難解な内容というわけでもないが、さまざまな事例（100メートル走の記録）に対する一般化した主張を表すために、抽象的な言葉が使われている。

■専門用語が多い

　専門用語（学術用語）は、それぞれの学問分野において明確に定義され、その定義は読者との了解事項である。したがって、著者は自身の思考や見解を誤解のないように正確に読者に伝えるために、学術的な文章のなかで専門用語を使用する。専門用語は、調べないと意味が分からないような、聞き慣れない用語であるとは限らない。私たちが日常的に使っている用語が、特定の学問分野では固有の意味を持つ専門用語として使われている場合もあるので、注意深く読もう。

〈例〉
　労働力市場にあっては、賃金の下方硬直性ゆえに、価格の変動による需給の調整が期待できない。

　文中の「労働力市場」「下方硬直性」「需給の調整」は、経済学の理論を正確に伝えるために定義された専門用語である。したがって、読みとばしたり、自分勝手に解釈したりせずに、学問分野ごとに出版されている専門用語辞典（事典）や、教科書的な入門書等で、必ずその意味を確認しよう。調べた用語の意味をメモしておけば、別の文章で見かけたときにすぐに確認することができる。

■複雑な構造の文がある

　学術的な文章には、複数の「主語＋述語」が入れ子になって組み合わされているような、複雑な構造の文が含まれていることが少なくない。たしかに、文章は簡潔で平易な方がよい。しかし、ものごとをより精緻に伝えるためには、複雑にならざるを得ない場合もある。

　次の二つの文章を比べてみよう。

> ［A］ぼくは、ままと、じぃじとばぁばのうちに行きました。じぃじとばぁばのうちには、本がたくさんあります。ぼくは本にさわりました。そして、ママはだめよ、といいました。ぼくは、どうしてだろうと思いました。

> ［B］祖父母の家に行って、そこにある多くの本の一つに手を触れたときに母からたしなめられた理由が、ぼくにはわからなかった。

　［B］は［A］よりも文の構造は複雑であるが、明瞭に内容を伝えている。単純な構造の文を書き連ねればよいというわけでもないのである。

〈例〉

　ヴェーバーがこの論文を書いたときに、既に公表されていたとはいえ、ごく一部の専門家だけが入手しえた資料を参照していなかったという事実は、必ずしもこの論文に学問的な業績として致命的な欠陥があるということを意味しない。

　この文の骨格である「主語＋述語」は、「×××という事実は、△△を意味しない」である。そして、この主語の「×××という事実」は、「ヴェーバーが資料を参照していなかった」という「主語＋述語」の一文であり、さらにこの文の「資料」について、次の二つの修飾語句を付けて説明している。

・この論文を書いたときに、既に公表されていた
・ごく一部の専門家だけが入手しえた
この文の構造を図に示すとこのようになる。

（主部）　ヴェーバーが、資料を参照しなかった、という事実、は、

　　　　　この論文を書いたときに、既に公表されて
　　　　　いた
　　　　　ごく一部の専門家だけが入手しえた

（述部）　この論文に欠陥がある、ということを、意味しない。

　　　　　学問的業績として致命的な

　複雑な構造の文章は、その骨格や修飾関係を正しく理解して読み進めるようにしよう。

■接続詞が多い
　「学術的な文章では、著者の主張が論拠とともに論理的に示されている」と本章の冒頭で述べた。著者は、伝える内容を論理的に、すなわち筋道を立てて読者に示すために、前に述べた文と、後に述べた文がどのような関係にあるかを示す接続詞を使用する。

〈例〉
　「自己」という語は、一般には人間における自分自身を指す名詞として用いられるが、たとえば「自己矛盾」とか「自己複製」というように、関係の再帰性を示す副詞としても使用されている。すなわち、人格的存在以外でも用いられる。

この例では、後に続く文が具体的な例であることを示す「たとえば」
と、後に続く文が、前の文を言い換えていることを示す「すなわち」と
いう二つの接続詞が使われている。

　この他にも、次のようなさまざまな接続詞がある。

・前後の文章が対立する内容であることを示す「しかし」「だが」
　「とはいえ」
・後に続く文が、前の文の内容に何かを付け加えていることを示す
　「さらに」「そのうえ」
・複数の文からいずれかを選ぶことを示す「または」「あるいは」
・前後の文が並列していることを示す「また」

　接続詞が使われていたら、その前と後の文の論理的な関係を確認しな
がら読み進めよう。さらに、文脈から考えて省略されている接続詞がな
いかどうかにも注意しよう。

●3 学術的な文章の構造

学術的な文章には、

・著者の主張（著者の意見や見解）
・著者の主張の説明
・著者の主張の論拠

が示されている。文章を読む場合には、この3点を読み取ろう。

■著者の主張の説明

著者の主張は、「○○は、△△であるため、××である」「○○は、△△の限りにおいては、××である」「○○は、△△であるか××であるか、そのいずれかである」などのように、簡潔な文章で示されることが多い。そして、その主張を説明する文章では、

・敷衍（詳しく言い直す）
・例解（例を挙げて説明する）
・比較（似たような事例と比べる）
・対比（対立する事例との違いを示す）
・限定・条件（主張が成り立つ場合を限定する）

などの方法が用いられている。

〈例〉
　経験的な知識とは、観察によるか、あるいは観察結果から推論して得られる知識である。

この主張をより明確に説明するために、著者は上記の方法を用いて次のように説明している。

・**敷衍**（詳しく言い直す）
　「経験的な知識」とは、経験にもとづく知識のことであるが、ここでいう「経験」は、日常語で言う実体験には限られないし、「観察」も、理科の授業で行われるような観察に限られない。

・**例解**（例を挙げて説明する）
　一瞬、赤く見えたというのではなく、何度目をこすって見直しても赤く見えたのであれば、そうした経験も、立派な観察である。

・**対比**（対立する事例との違いを示す）
　数学や論理学も人間に知識を与えるが、それらは経験的な知識ではないし、神秘的な体験によって何ごとかを悟ったとしても、それだけでは経験的な知識ではない。

・**限定**（主張が成り立つ場合を限定する）
　ただし、これは、身体・感覚と思考・精神を二分して考えるかぎりにおいて、言えることなのかもしれない。

■著者の主張の論拠

　著者の主張は、あなた自身の価値観ではなく、**著者が提示する論拠にもとづいて**理解し、同意や反論をする必要がある。したがって著者の主張の論拠は、その論拠が主張を適切に裏付けているか否かを判断しながら読むことがポイントである。文章に示されている主張と論拠の関連（結びつき）を確認したうえで、

・著者が論拠としている内容が、確かであるか（誤りはないか）
・著者が提示した論拠は、主張の裏付けとして十分か（不足はないか）

を考えながら読み進めよう。

　また、数値データが根拠とされている場合には、データが正しく使われているかどうかに注意しよう。

●4　パラグラフごとに読む

3

　学術的な文章の全体は、複数のブロック（内容的なまとまり）によって構成されている。そして個々のブロックは複数の文章によって組み立てられている。このブロックのことを「パラグラフ」といい、基本的に一つのパラグラフには一つのトピック（話題）が示されている。

　特に長い文章を読む場合には、

・段落（形式的に、1字下げて書きはじめる文章の区切り）やキーワードを手がかりとして、（複数の）パラグラフの構成を把握し、
・個々のパラグラフに示されたトピック（何について書かれているのか）を要約しながら、
・パラグラフ間の関連（つながり）にもとづいて、

全体の内容を理解するとよい。

●5 読んだ文章の内容を記録する

文章を読みながら重要だと思う部分やキーワードに、線を引いたり、付箋を貼ったり、書き込みをすると、全般的な内容を効率よく振り返ることができる。また、以前に読んだ文章を容易に思い出すことができるように、以下の項目をノートなどに記録しておいて、レポートやプレゼンテーションなどに活用しよう。

1. 著者名
2. 文章が収録されている図書や論文のタイトル
3. 出版社名や出版年、ページ数など
4. 内容（テーマ）
5. 著者の立場（視点）と主張の要約
6. 重要であると判断した文章（抜き書き）

要約や抜き書きした文章には、本文の当該箇所のページ数を忘れずに書いておくこと。読んで考えたことや疑問点などを書いておくことも有意義である。無理なく継続できるように、自分なりの工夫をしよう。

第4章

ひとと議論して考える

● ひとと議論をすることで、ものごとの多様な視点を知ることができる

● 議論とは、相手を言い負かすことではない

議論とは

○各自が、自分の考えとその論拠・理由を示し

○示された論拠・理由が、適切かどうかを、互いに検討し

○みんなが納得できる結論を探していく

共同作業である。

○質問や反論は否定ではない。

　真摯に対応して、議論を深めていこう。

● 論理的な議論をしよう

ポイントは

○前提は何か、そしてその前提は確かであるか

○その前提からの推論が論理的に正しいか

　「推論」とは、ある前提から結論を引き出すことをいう。

確かな前提から論理的に正しい推論によって結論が引き出されているか
をお互いに確認しあおう。

● 議論が混乱し始めたら、みんなで確認しよう

○使っている言葉の意味について食い違いはないか

○自分や相手の意見は、どのような事実認識にもとづくのか

○事実に関する判断と、価値や規範に照らした判断を混同していないか

○お互いに共有していると思っている事実やデータ、資料などの理解の
　仕方に食い違いはないか

○自分や相手の意見には、まだ語られていない前提があるのではないか

○自分や相手が、誤った推論をしているのに気づかないのではないか

○異なる論点を一緒に（まぜこぜに）して話し合っていないか

　「間違った発言をしてしまうのではないか」などと心配する必要はな
い。「議論のマナー」を守って、積極的に議論に参加しよう。

　Sさんは同じゼミナールの人たちと、卒業した先輩を招いた講演会の企画を立てている。これまでの話し合いで、日時はだいたい決まっている。

　問題は会場選びだ。まず、ふさわしい会場の条件を列挙した。

　　　・駅から近い

　　　・大人数でも収容できる

　　　・使用料金が手ごろである

　　　・雰囲気が落ち着いている

　次に、いろいろな会場を検討して、「市民会館ならば、すべての条件を満たしているので最適だ」という結論に達した。

　そこで、Sさんは自信をもって「講演会は〇月△日、会場は市民会館」と提案した。ところが、思わぬ意見が次々に出てきた。

「市民会館じゃ、駅に近すぎるよ」

　…ん？　近いから選んだんだけど。

「だって、大学の近くに下宿している人や、X方面のバスで通学している人も結構いるんだぞ」

　…なるほど。駅に近いから都合が良い人ばかりではないんだ。

「大学の大教室を借りるのはどう？」

　…え？　いつも授業を受けているところでやるということ？

「だって、そのほうが先輩たちにとっては懐かしいんじゃない？」

　…なるほど、学生時代の気分を思い出してもらうのもいいかもしれない。

「ところで、その日程で準備は間に合うの？」

　…?!

こうして、この日の話し合いは、延々と続くことになった。

　この議論は、Sさんにとって良い経験になったはずである。議論によって、それまで視野に入っていなかったことがたくさんあることに、気がつくことができたからである。

　このように私たちは、ひとと議論することによって、はじめて**自分が限られた視点からものを見ていた**、ということに気づく。議論を通じて、ものごとに対する多様な視点を知るのである。

●2　議論とは、相手を言い負かすことではない

　議論は口論（言い争い）ではないし、相手を説き伏せて同意させることでもない。議論とは、

1. 各自が、自分の考えとその論拠・理由を示し
2. 示された論拠・理由が、適切かどうかを、互いに検討し
3. みんなが納得できる結論を探していく

という**共同作業**なのである。

■議論を避けない

　ひとと意見の食い違いが生じたとき、私たちは、ややもすると**「考え方が違う」「価値観が違う」**といった決まり文句を用いて話を切り上げてしまいがちである。しかしそれでは、お互いの考えや視点を知ることはできないままとなってしまう。そういうときはまず、

　　　　どこで・どのように、意見の食い違いが生じているのか？

について話し合おう。

■質問・反論は「否定」ではない

　あなたが「○○だと思う」と話したとき、「なぜ○○だと考えたのか、もう少し説明してほしい」や「そもそも○○って何なのか？」「そうではなくて、××じゃないかな」「もともとは△△だったはずなので違うと思う」といった反応があったとしよう。もしかしたらあなたは、「自分が否定された…」と感じてしまうかもしれない。しかし、決してそんなことはない。むしろ、みんなはあなたの意見に関心を寄せているのである。**質問や反論には真摯に対応して、議論を深めていこう。**

　一方で、あなたが他の人の意見に対して質問や反論をする場合には、相手が「否定された」と感じないように、言葉遣いには十分に注意しよう。たとえば、相手の意見に対して、いきなり「うそー」「えーっ、どうして？」「それは違うよ！」などと言うのは、適切だろうか？

■議論のマナーを身につけよう

　有意義な議論をするために、以下のマナーを守ろう。

1. 自分だけが一方的に話さない。自分が話したら、次は相手の話を
   じっくり聞く。また、自分の考えに自信がなかったり、相手の
   言っていることがよく分からないからといって、黙り続けてはい
   けない。

2. 相手の話している内容がよく分からないときには、「あなたの
   言っているのは、…ということ？」などと質問して、理解しよう
   と努める。

3. 自分の意見が理解されていないと思ったときには、自分の意見の
   論拠を改めて示したり、考え直したりする。

4. お互いに、自分にとって都合の悪い事例・データも重視して、話
   を進める。

5. 「やっぱり…だ」や「何と言っても…で間違いない」といった断
   定的な言い方をしない。

6. 相手の性格や人格の弱点を、議論に持ち込まない。

7. たとえ自分の意見が少数派である場合でも、そのことを気にしな
   い。

●3　議論とは、共同で「推論する」ことである

　ある前提から結論を引き出すことを推論するという。議論では、確か
な前提から論理的に**正しい推論**によって引き出された結論であるかを、
お互いに確認しあうことが必要である。

　したがって、論理的な議論のポイントは、次の2点である。

・前提は何か、そして、その前提は確かであるか
・その前提からの推論が論理的に正しいか

● 4 推論の前提は確かであるか

　推論の前提が確かであるかをチェックしよう。議論の前提が確かでなければ、引き出された結論も疑わしいことになる。

　たとえば次の意見について考えてみよう。

> 　もともと日本人の食生活には、肉食はなかったので、日本人は血なまぐさいことへの嫌悪感をもっている。

これは、

　日本人の食生活には、もともと肉食がなかった　　　　　　　（前提）

　ゆえに、日本人は血なまぐさいことへの嫌悪感をもっている　（結論）

という推論がなされている。

　では、この推論における前提は確かなのだろうか?

　実は、どの時代でも日本の庶民の多くは、鶏や鴨といった鳥の肉のみならず、ウサギ・猪・鹿などさまざまな動物の肉も食べていたのである。したがって、この意見は誤った前提による推論であるといえる。

【問1】次の推論は確かな前提から結論が引き出されているだろうか。

　哺乳類は、陸上に生息している（前提1）

　鯨は、陸上では生息していない（前提2）

　よって、鯨は、哺乳類ではない（結論）

※解答は章末にあります。

●5　推論の前提に漏れはないか

　ある結論を出したときには、前提に漏れがないかをチェックしよう。

　先に示したSさんのゼミナールでの話し合いを改めて考えてみよう。
「会場は市民会館が最適だ」という最初の提案は、次のような推論によ
るものであったといえる。

　　　市民会館は、駅に近い　　　　　　　　　（前提1）
　　　市民会館は、使用料金が手頃だ　　　　　（前提2）
　　　ゆえに、市民会館は講演会に適している　（結論）

　実際に市民会館が駅に近く、値段が手頃なのであれば、前提は確かで
ある。しかしここで「市民会館じゃ、駅に近すぎるよ」という意見が出
されたことに注目しよう。実は最初の提案は暗黙のうちに「参加者は駅
を利用しているので、駅から近いところがよい」という、もう一つの前
提がおかれていたのである。すなわち、

　　　参加者は駅を利用する　　　　　　　　　（前提0）
　　　市民会館は、駅に近い　　　　　　　　　（前提1）
　　　市民会館は、使用料金が手頃だ　　　　　（前提2）
　　　ゆえに、市民会館は講演会に適している　（結論）

ということになる。そしてこの「前提0」が確かではなかったのであっ
た。

　この「前提0」のように、そのことを前提としていることを意識して
いない前提、すなわち、**暗黙の前提**があり、さらに**それが誤っているこ
とに気がつかない**ということがあり得るので注意が必要である。

次の例を考えてみよう。

　　　Sさん：彼は、今日の会議には来ないと思うよ

　　　Tさん：どうして？

　　　Sさん：足を骨折したばかりだからね

Sさんは「足を骨折したばかりだ」という事実を前提として、Tさんに「彼は、今日の会議には来ないと思う」と言った。つまり

　　　彼は足を骨折したばかりだ　　　　　　（前提）

　　　ゆえに、彼は、今日の会議には来ない（結論）

という推論をしていることになる。しかしここには、

　　　・足を骨折した直後に動くと、身体に危険だ

　　　・骨折直後に動くと身体に危険だということを、彼は知っている

　　　・彼は、身体に危険なことは避ける

という前提もおかれているのである。それらが、SさんとTさんとの了解事項であれば、一般には意識されないままで議論が続けられる。

　　ただし、もしここに、

　　　・彼は、大事なことのためなら骨折直後に動く危険を顧みない

　　　・彼には、今日の会議には危険をおかしてでも来る理由がある

などの事実が前提として加えられるとすれば、

　　「彼は、今日の会議には来ないと思う」という意見には疑義が呈されることになる。

【問２】次の例で、暗黙の前提を考えてみよう。

　G氏は1ヵ月働くと3000ドルもらえる仕事をしているので、G氏の年収は、3万ドルを超えている。

　　　　　　　　　　　　　　　　　　　※解答は章末にあります。

●6　推論は論理的に正しいか

　正しい推論とは、**前提がすべて真**（事実）でありさえすれば、**結論も必ず真**となる（成り立つ）ような推論である。

　たとえば、

> この液体は、アルコールが含まれていない（前提）
> ゆえに、これは酒ではない　　　　　　　　（結論）

という推論では、前提が真ならば結論も論理的に真となる。

　「酒とはアルコールを含んだ飲料である」という共通の理解のもとでは、「アルコールを含まない酒」というのは、「丸い正三角形」と同様の矛盾であると考えられるからである。すなわち、もし結論が偽である（成り立たない）とすると、「アルコールを含まない酒がある」という矛盾が生じることになる。

　Aという前提からBという結論を引き出した推論が正しいかどうかを判断するためには、**Aが真なのにBは偽（成り立たない）となるケースが存在するか**をチェックしよう。すなわち、

　　　・そうしたケースがあるならば、推論は正しくない
　　　・そうしたケースがないならば、推論は正しい
ということになる。

では、次の推論は正しい推論だろうか？

> 数理系の人は、論理に強い　（前提 1）
> Y 教授も、論理に強い　　　（前提 2）
> Y 教授は、数理系である　　（結論）

この推論では、前提が真であっても、結論が真になるとは限らない。実際には、数理系ではないけれども（文系だけれども）論理に強い人もいるからだ。したがって、この推論は正しくない。

●7 「逆」も成り立つか

次の二つは同じことを述べている。

　　　・前提 A から B という結論を引き出した**推論は正しい**。
　　　・「**A ナラバ** B」という**条件文は真**である。

そして、「A ナラバ B」という条件文があるとき、

　　　B ナラバ A

という条件文を、もとの条件文の**逆**と呼ぶ。

論理的に考えるためには、

「A ナラバ B」という条件文が真であるとき、

「B ナラバ A」という**逆も成り立つか**をチェックしよう。

※日本語の「ならば」は、論理的な意味での条件文以外でも使われるので、条件文の場合には「ナラバ」と記した。条件文の「ナラバ」は、日本語では「ので」「なのだから」とも表される。

さきほどの Y 教授に関する推論を図で示すとこのようになる。

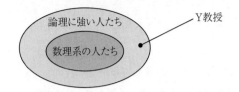

　数理系の人たちの集合（小さい円）は、論理に強い人たちの集合（大きな円）の一部分である。したがって、小さい円に属する人（数理系）は、大きな円（論理に強い）にも属している。

すなわち、

　　　　数理系であるナラバ、論理に強い

という**条件文は真**である。しかしだからといって、

　　　　論理に強いナラバ、数理系である

という**逆は成り立たない**。

「○○ナラバ××」という条件文が真であるとき、私たちは「その逆（××ナラバ○○）も真だろう」と思ってしまうことがあるので、注意しよう。

●8 必要だが、それだけでは不十分：必要条件

　A であるためには、B という条件をクリアしていなければならないとき、

　　　B は A であるための**必要条件**である

という。他にどんな性質をもっていようとも、A であるための必要条件を満たしていないものは、A ではない。一般に、A であるための必要条件は、

　　　A ナラバ、…である

という条件文で表される。

たとえば、

　　　N さんは、大学生である（前提）
　　　ゆえに N さんは、高校を卒業しているか、それと同等の資格をもっている（結論）

という推論は正しい。大学生であるためには、大学に出願するのに必要な条件をクリアしていなければならないからである。すなわち高校卒業、または（高卒認定試験に合格するなど）高校卒業と同等の資格をもっていることは、大学生であるための必要条件である。したがって、

　　　大学生であるナラバ、高校卒業か、それと同等の資格をもっている

という条件文も真である。

　一方で、N さんが毎日大学に通っている、というのは大学生であるための必要条件ではない。したがって、

　　　大学生であるナラバ、毎日大学に通っている

という条件文は、偽である（成り立たない）。

　さて、ここで注意しなくてはならないのは、

　　　大学生であるナラバ、高校卒業か、それと同等の資格をもっている

という条件文が真だからといって、その**逆**である、

　　　高校卒業か、それと同等の資格をもっているナラバ、大学生である

という条件文は、成り立たないということである。高校を卒業していて
も、あるいは高卒認定試験に合格しているが、大学生でない人もいるか
らである。

　このことを図で示すと次のようになる。

したがって、BがAであるための**必要条件である**ときには、

　　　「AナラバB」という条件文は成り立つが、

　　　「BナラバA」という**逆**は必ずしも**成り立たない**。

　論理的に考えるためには、「AナラバB」と思えてきたとき、

　　　BはAが成り立つための必要条件か

ということをチェックしよう。

【問３】下線部が成り立つための必要条件に注目して、

（1）以下の条件文の真偽（成り立つか・成り立たないか）を
チェックし、そのうえで、（2）各条件文の「逆」の真偽（成り立
つか・成り立たないか）をチェックしてみよう。

　①日本人であるナラバ、日本政府が発行した旅券をもっている。

　②英語が話せるナラバ、英会話学校に通ったことがある。

　③二つの数の和が整数であるナラバ、二つの数ともに整数であ
る。

※解答は章末にあります。

●9　それだけ成り立っていれば十分：十分条件

「高校卒業か、それと同等の資格をもっている」ということは、「大学
生である」ために必要な条件である。しかしそれだけでは「大学生であ
る」と言うのに十分ではない。

他方、ある人が、

　　　　・毎日、大学に行っている

　　　　・好きな勉強に打ち込んでいる

　　　　・図書館をよく利用する

などという条件を、まったくクリアしていないとしても、

　　　　・S大学に学籍がある

と言えるなら、それだけで、大学生であると言うのに**十分である**。

　このように、CでありさえすればそれだけでAであるために十分
である、というとき、

　　　　CはAであるための**十分条件**である

という。他のどんな性質を欠いていようとも、Aであるための十分条件

Cを満たしていれば、そのものはAである。

　一般に、CはAであるための十分条件だ、ということは、

　　　　Cナラバ、Aである

という条件文で表される。

　さて、ここでも**逆**に注意しよう。

　　　　S大学に学籍があるナラバ、大学生である

という文は、大学生であるための十分条件を述べた真な文である。しかしこの逆、すなわち

　　　　大学生であるナラバ、S大学に学籍がある

という条件文は、明らかに**偽**である。

　論理的に考えるためには、

「AナラバB」と思えてきたとき、実は真な条件文の「逆も真だ」と思ってしまったという可能性はないかをチェックしよう。

「大学生である」ための必要条件と十分条件は、次のように整理できる。

S大学に学籍がある ──────→ 大学生であるために**十分**な条件
ナラバ　　　　　　　　　　　　これが言えれば「大学生だ」と
大学生である　　　　　　　　　言える
ナラバ
高校卒業か、
それと同等の資格をもっている ─→ 大学生であるために**必要**な条件
　　　　　　　　　　　　　　　これが言えなければ「大学生
　　　　　　　　　　　　　　　だ」とは言えない。

すなわち、

「A ナラバ…」は、A であるための必要条件を述べており、

「…ナラバ A」は、A であるための十分条件を述べている。

また、これらのいずれの条件文が真だからといって、それらの**逆は、
必ずしも真ではない**。

● 10 　対偶に注意しよう

S さん：努力すれば、必ず報われる

T さん：じゃあ、報われていない人は、努力が足りないの？

S さん：うーん…

S さんは、確信をもって「努力すれば、必ず報われる」という意見を
述べた。しかし T さんは「報われていない人は、努力が足りないわけ
ではない」と反論したのである。S さんは、どうして答えに詰まったの
だろう？

S さんの意見は、

努力するナラバ、報われる

という条件文で表すことができる。そして論理的には

「報われる」ことは**「努力する」**ことの必要条件だ

ということになる。これが真（成り立つ）ならば、

「努力しない」人は、報われるための**必要条件を満たしていない**

ことになる。つまり、

努力しないナラバ、報われない

ということである。T さんはまさにこの条件文が成り立つのかと反論し
たのである。

一般に、

　　　A ナラバ B

が真であるときには、

　　　B でないナラバ A ではない

もまた真である。図で示すとこのようになる。

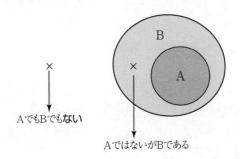

「A ナラバ B」は、A（小さい円）に属しているならば、B（大きい円）にも属しているということである。

「B でないナラバ A ではない」は、B（大きい円）に属していないので、A（小さい円）にも属していないということである。

この関係は**対偶**と呼ばれ、論理的な議論では極めて大きな役割を果たす。

論理的に考えるためには、「A ナラバ B」と思えるとき、「B で**ない**ナラバ A で**ない**」といえるかどうかをチェックしよう。

　　　（その学生は）指示されないと、自分で調べない………… (1)
この文が述べていることを、論理的に表現すると、

　　　指示されないナラバ、自分で調べない……………………… (2)
という条件文で表される。ところが、この条件文の**対偶**は、

　　　自分で調べるナラバ、指示される……………………………… (3)
となる。しかしこの条件文は、元の文 (1) が述べていることを表していない。

　これは、条件文 (2) に出てくる「ナラバ」が、論理的な関係だけでなく、**時間的な前後関係**をも表しているからである。

　時間的な関係にも気を付けて元の文 (1) が述べていることを「ナラバ」を使って表すと、

　　　事前に指示されないナラバ、自分で調べない……………… (4)
という条件文になる。このように条件文が、「事前に」といった時間的な関係を示す語句をともなっていれば、その対偶は、

　　　自分で調べているナラバ、事前に指示されている………… (5)
という条件文になり、これは元の文 (1) が述べていることと一致する。

　論理的に考えるためには、日常語の「ならば」が時間的な前後関係を意味するかどうかに気を配ろう。

【問４】次の文の述べていることを、時間的な関係にも注意して、
　　　　「ナラバ」を用いた条件文で表してみよう。
　　　　月に輪がかかっていると、雨になる。

　　　　　　　　　　　　　　　　　　　　※解答は章末にあります。

● 12　助詞の「は」に気を付けよう

　　○○は××である……………………………………………………（1）

という文は、国語の文法では

　　「は」という助詞は、「○○」が主語だということを示す

と説明されることが多い。

　しかし論理的には、（1）の形の文は、もっと豊かな内容を表している。このことは論理的に考えるときに非常に大事である。話が込み入ってきたら、「主語＋述語」の形の文が、論理的には次に示す「集合と、その部分集合」「同一性」「個体と集合（性質）」の、どのタイプの内容を表しているのかをチェックしてみよう。

■集合と、その部分集合

　　人間は、哺乳類である………………………………………………（2）

　この文で主張されているのは、

　　あるものが人間であるナラバ、そのものは哺乳類である（2'）

という、「人間」という集合（人間であるという性質）と「哺乳類」という集合（性質）のあいだの関係である。

　（2'）の条件文は、

　　あるものが人間であるためには、哺乳類であることが**必要**だ、

　　あるものが人間であれば、それだけで哺乳類であるために**十分**だ、

という必要条件と十分条件の関係を表している。これを図に示すと次のようになる。

このように、ある性質を持つための必要条件・十分条件は、**集合と部分集合の関係**にある。つまり、

　　　　人間**は**、哺乳類**である**……………………………………（2）

という文は、

人間という集合が哺乳類という集合の部分集合であることを表している。

　では、（2'）の条件文の**逆**と**対偶**を考えてみよう。

逆については、

　　　　あるものが哺乳類であるナラバ、そのものは人間である…（3）

　　　　哺乳類は、人間である………………………………………（3'）

となり、偽である（成立しない）。

対偶については、

　　　　あるものが哺乳類でないナラバ、そのものは人間ではない…（4）

　　　　哺乳類でないものは、人間でない……………………………（4'）

となり、真である（成立する）。

　「…は…（の部分集合）だ」という、集合と部分集合の関係にある文を**否定**する場合、たとえば

　　　　都会っ子は、軟弱だ…………………………………………（5）

という文の否定は、

　　　　都会っ子は、軟弱ではない…………………………………（6）

という文ではない。なぜなら（5）で述べていることは、

　　　　あるものが都会っ子ナラバそのものは軟弱だ………………（7）

　　　　どの都会っ子も、軟弱だ……………………………………（8）

ということだからである。したがって、それを否定するのなら、

　　　　あるものが都会っ子ナラバ、そのものは軟弱だということにはならない……………………………………………………………（7'）

　　　　ある都会っ子は、軟弱ではない………………………………（8'）

という**部分否定**の文になる。

■同一性

　　　　大石内蔵助は、赤穂浪士のリーダーである……………… (9)

という文は、

　「大石内蔵助」という**個人**と「赤穂浪士のリーダー」という個人が、
　同一人物である

ということ、つまり

　　　　大石内蔵助　＝　赤穂浪士のリーダー

という**個体の同一性**を表している。また

　　　　赤穂浪士は、主君の仇を討った浪士集団である……………(10)

という文は、

　　　「赤穂浪士」という**集合**と「主君の仇を討った浪士集団」という
　　　集合が同じ集合だ

ということ、つまり

　　　　赤穂浪士　＝　主君の仇を討った浪士集団

という**集合の同一性**を表している。

■個体と集合（性質）

　　　　大石内蔵助は、江戸時代の武士である………………………(11)

　この文は (9) と同様に「大石内蔵助」を主語としているが、論理的
な構造が異なる。「江戸時代の武士」は特定の個人の氏名ではなく、集
合である。したがって、「大石内蔵助」と「江戸時代の武士」が同一だ
ということはありえない。(11) が表しているのは、

　　　「大石内蔵助」という**個人**は「江戸時代の武士」という**集合（性
　　　質）**に属する

ということである。

　　　　東京タワーは、鉄塔である。………………………… (12)

という文も「東京タワー」という個体が「鉄塔」という集合（性質）に属するということを表している。

【問5】次の文は「主語＋述語」の形をしている。それぞれの文が
　　　　(a) 集合と部分集合、(b) 同一性、(c) 個体と集合（性質）のどのタイプに該当するかを考えてみよう。
　　1 水の化学式は H_2O である。
　　2 専修大学は私立大学だ。
　　3 富士山は日本一高い山である。
　　4 散っていく花は、みな美しい。

　　　　　　　　　　　　　　　　　　　※解答は章末にあります。

■記号を利用しよう

　たとえば、

　　　　3を二倍にした数は、5よりも大きい

という文を記号で表すと

　　　　$3 \times 2 > 5$

となる。このように、文章にすると複雑になってしまう事柄も、記号を用いるとスッキリと表すことができる。

　「……は……である」という文が、(a) 集合と部分集合、(b) 同一性、(c) 個体と集合（性質）のどの関係なのかを明確に示すために、次のような記号を用いるとよい。

(a) 集合と部分集合

集合 A は、集合 B の部分である　A ⊂ B

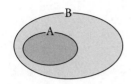

(b) 同一性

個体 a は、個体 b と同一である　　a = b

集合 A は、集合 B と同一である　A = B

(c) 個体と集合（性質）

個体 a は、集合 B に属する　a ∈ B

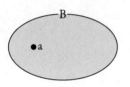

4

三段論法の「怪」

　　　ソクラテスは人間である

　　　人間は死ぬ

　　　─────────────

　　　ゆえに、ソクラテスは死ぬ

これは「三段論法」という、よく知られた正しい推論です。

　では、次の推論はどうでしょうか。

　　　大石内蔵助は、赤穂浪士である

　　　赤穂浪士は、47人である

　　　─────────────

　　　ゆえに、大石内蔵助は47人である

　「大石内蔵助が47人である」などという結論が出される推論は、誤りに決まっています。しかし、この二つの推論の形は同じように見えます。どこが違うのでしょうか？　記号を用いて考えてみましょう。

　　47人から成るグループの集合を「G47」と表すことにします（赤穂浪士だけでなく、中学の×年×組も、大学の〇〇サークルも、47人から成ればG47に属するものとします）。

　二つの推論は、このように表すことができます。

　　　ソクラテス $\in$ 人間　　　　　　大石内蔵助 $\in$ 赤穂浪士

　　　人間　　　　$\subset$ 死ぬもの　　　赤穂浪士　　$\in$ G47

　　　─────────────　　　─────────────

　　　ゆえに ソクラテス $\in$ 死ぬもの　　ゆえに 大石内蔵助 $\in$ G47

このように記号で表すと、この二つの推論の違いが明確になります。そして、$a \in b$ と $b \in c$ から $a \in c$ は導けないことから、明らかに「大石内蔵助は47人である」という推論は誤りです。

●13　議論におけるさまざまな食い違い

　お互いに論理的に議論をしていても、意見の食い違いは生じうる。そうしたときに一番大事なことは、**意見の食い違いがどこから生じているのかを一緒に考える**ことである。意見の食い違いの典型的な事例には、次のようなものがある。

事例1　キーワードの意味の食い違い

> あなたはコンビニの前に自転車を置いた。買い物をしている間に強い風が吹いて自転車が倒れ、店先の看板が壊れてしまった。この場合、あなたが故意に店に損害を与えたと言えるだろうか？

「故意に」という言葉の使い方しだいで、答えは異なる。

1. 「わざと」「意図して」という日常的な意味からすれば、あなたは、わざと・意図的に看板を壊したのではないのだから、「故意に」損害を与えたわけではない。しかし、
2. 「故意」という言葉が、「自分の行為が一定の結果を生じることを認識しながら」という**法律上の専門的な意味**で使われるなら、あなたは「故意に」損害を与えたことになるかもしれない。

　このように「故意」というキーワードの理解が違っていると、一方は「故意ではない」と主張し、他方は「故意だ」と主張して、話は折り合わない。

　話の核となる言葉（キーワード）の意味の理解がずれているために、話がかみ合わなくなることがある。こうした食い違いをなくすためには、「あなたが○○○と言うのは、…という意味？」などと確認しあうこと

が大切である。

　大学での講義やゼミナールでは、日常的な意味とは異なる意味を持つ専門用語が使われることがしばしばあるため、特に注意しよう。

事例2　事実認識の食い違い

> 　ヨーロッパのX国では、2017年に、自国の伝統の価値を重視する右派のT党が政権を握って以来、外国からの移民に対して厳しい態度をとっている。T党政権は、最近の外国人犯罪の増加を理由にして、さらに厳しい法案を提出し、議論を呼んでいる。
>
> 　過去9年間の、検挙された外国人の数（検挙数）、在留している外国人の数（外国人人口比）、外国人による凶悪犯罪の件数（凶悪犯検挙数）の推移は以下のグラフのとおりである（X国の、外国人を除く人口はこの間大きく変動していないとする）。
>
> 　外国人犯罪は、本当に増えているのだろうか？

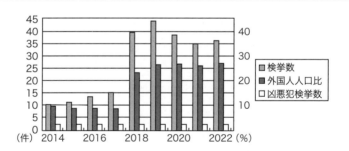

　この統計からは、たとえば以下のことが読み取れる。

1. 検挙された外国人の数（検挙数）は、増えている。
2. 外国人による凶悪犯罪の検挙数は、横ばいである。

　では、この統計から見て、事実として「外国人犯罪が増加している」と言えるだろうか?

1.「検挙された外国人の数」について
　・急増したのは、T党が政権についた直後だけであって、その後むしろ減少傾向にある。
　・T党政府は、外国人に対して厳しい政策をとった。そうすると、それまで検挙の対象にならなかった微罪をも検挙するようになった可能性もある。
2.「外国人による凶悪犯罪の検挙数」について
　・在留している外国人の数が増えていることを考慮すると、凶悪犯罪の発生率は、むしろ漸減傾向にあると考えられる。

　このように、同じデータに接しても、そこから**どのような事実をどの程度の確からしさ**をもって読み取り得るかという判断が食い違うと、そもそもの**事実認識**が違ってしまう。こうした事実認識の食い違いを放置したまま議論を続けていると、結局は各自の主観的な意見を言い合うだけになってしまう可能性がある。

　議論においては、「**事実**として何が起きているのか」という認識の食い違いがしばしば生じる。こうした違いを放置したままだと、議論は空転する。**事実認識**を確認し合いながら議論を進めよう。

事例3　事実判断と価値判断の混同

> 　最近ある国では、とりわけ青少年による凶悪犯罪の報道において、被害者遺族の生の声が大々的に伝えられることが多くなり、それとともに犯人への厳罰を求める世論も強まっている。果たして、凶悪犯罪者への罰を厳しくすべきなのだろうか？

たしかに、こうした事態において

・被害者遺族のほとんどは<u>厳罰を望んでおり</u>
・自分を含め多くの人は、自分が被害者の遺族だったとしたら、同じように<u>厳罰を求めるであろう</u>

という**事実認識**に関しては、おそらくほぼ一致するだろう。
しかし、だからといって

・厳罰を<u>科すべきである</u>

という結論を急いではいけない。
なぜなら「厳罰を科す**べきである**」かどうかは、そもそも、

・刑罰を科すことの**意味**は何か
・刑罰が果たす**べき**機能は何か

などという**規範的な問題**にかかわるからである。
　一般に、「…である」という事実認識にもとづく価値判断だけで、「…すべきだ」という規範的な判断を下すことはできない。

90

【問６】 次の推論が正しい推論となるために、必要な前提を補いなさい。

レポート提出期限はあさってである（事実に関する前提）。

ゆえに、調べるのは切り上げて書き始める**べき**だ（規範的な結論）。

※解答は章末にあります。

　実際の議論においては、「事態はどうであるか」という事実についての判断と、「どうすべきか・どうするのがよいのか」という**価値・規範**のレベルでの判断は、複雑にからみあいながら進められることが多い。この二種類の判断を的確に区別して、議論の空転を回避しよう。

●14　議論が混乱し始めたら

　議論が混乱することは少なくない。途中で議論が混乱し始めたことに気がついたら、いったん立ち止まって、次のようなポイントをみんなで確認し合おう。

1. 使っている言葉の意味について食い違いはないか
2. 自分や相手の意見は、どのような事実認識にもとづくのか
3. 事実に関する判断と、価値や規範に照らした判断を混同していないか
4. お互いに共有していると思っている事実やデータ、資料などの理解の仕方に食い違いはないか
5. 自分や相手の意見には、まだ語られていない前提があるのではないか
6. 自分や相手が、誤った推論をしているのに気づかないのではないか
7. 異なる論点を一緒に（まぜこぜに）して話し合っていないか

●15　議論という共同作業に参加するために

　議論とは、みんなで前提を共有し、そこから論理的に正しい推論によって結論を求めていく共同作業である。したがって議論を進めるには、「論理的に考える」だけでなく**共同で作業する**姿勢が必要となる。

　とりわけゼミナールでは、いろいろな意見や考え方を持つ同級生や上級生と議論をすることが学びの中心となる。はじめのうちは自分の意見をなかなか言い出せないかもしれない。そんなときは、

・自分が無知だと思われるのではないか、間違った発言をしてしまうのではないか、と考えるのをやめよう。
・気になった単語などをメモしながら人の意見を聞き、そのメモを見ながら「ちょっと聞いていいですか？」などと質問してみよう。

　あなたの「ちょっと聞いていいですか？」や「話を戻すようですけど、聞いていいですか？」などの質問は、みんながその内容を考え直すきっかけとなり、新たな考え方が示されたり、見過ごしていた論点に気がつくこともある。すなわち、そのときの議論を豊かにすることになるのである。

　もちろん、発言の際には「議論のマナー」（p.67）を守ろう。

● 16　議論とディベート

　複雑になりそうな議論をするときは、第三者に**議論の記録をとっても**らうとよい。そして議論が終わったら、**みんなで記録を見ながら、議論の流れを振り返ってみよう**。そうすると、重要なポイントに気がついたり、議論の進め方の課題などを知ることができる。

　こうしたことを、意図的かつ集団的に行う方法の一つとして、**ディベート**という訓練がある。ディベートは、**議論に慣れる**ためのロールプレイ（役割演技）であり、**相手を言い負かすテクニックを身につけるための**ものではない。

　ディベートにはさまざまな方法があるが、一般には次のように進められる。

1. 集まった全員が話し合ってテーマを決め、そのテーマに関して、賛否両論のあるような意見を選び出す。
2. 参加者は、その意見について、「賛成する立場」「反対する立場」「双方の言い分を聞いてジャッジする立場」のいずれかを選択する。あくまでロールプレイなので、自分の本音と違う立場を選んでよい。
3. 賛成側・反対側が、それぞれ交互に主張・質疑応答を行う。
4. 相手側の主張を検討するために、途中で時間を取り、それぞれのグループで話し合う。
5. その話し合いをもとに、賛成側・反対側が、それぞれ相手の主張への反論を行い、ジャッジたちは、それを聞きながら採点を修正する。
6. 適宜、3から5の過程を積み重ね、最後に全員で討論する。

ディベートは、あくまでロールプレイによる議論の訓練である。したがって自分の本心に忠実に話す必要はない。また、議論に慣れること、議論の仕方を身につけることが目的なので、必ずしも勝敗にこだわる必要はない。

【問】の略解

【問１】（p.68）　前提１が誤っているので、論理的に正しい推論によっ
　　　　　　　　て引き出された結論ではない。

【問２】（p.71）　暗黙の前提は、「必ず10か月以上は働いている」である。
　　　　　　　　この前提が成り立つならば、論理的に正しい推論に
　　　　　　　　よって引き出された結論となる。

【問３】（p.76）　①　(1)　偽　　　　(2)　真
　　　　　　　　②　(1)　偽　　　　(2)　偽
　　　　　　　　③　(1)　偽　　　　(2)　真

【問４】（p.80）　「月に輪がかかっているナラバ、そのあと雨になる」

【問５】（p.84）　①　(b)　②　(c)　③　(b)　④　(a)

【問６】（p.91）　「期限に間にあうようにレポートを提出すべきである」

4

レポートを書く

● レポートとは

レポートは、感想文や作文とは違う。

○「問い」を明確に示している

○その「問い」に対する「答え」が、論拠を示しながら論理的に書き
　表されている

全体の構成は、序論→本論→結論である。

● レポートの手順

 「問い」を設定する

 「問い」に答えるための手がかりを集める

○図書や論文を読む

○資料やデータを収集する

○実地調査や実験をする

 「問い」に対する「答え」の見通しを立てる

アウトラインを作成する アウトラインの肉付けをする

文章にまとめる 引用文献を明記する

○パラグラフ・ライティング

○文体のルール

 タイトルを確定し、体裁を整える

 提　出

5

● 1 レポートとは何か

大学の授業では、しばしばレポートの提出が求められる。

一口に「レポート」といっても、たとえば次のような種類があり、授業内容に応じて指定される。

説明型：指定された論文や図書などの内容を、正確に過不足なく要約することにより、その内容を十分に理解したことを示すもの

実証型：実験や調査などの結果を分析・考察したもの

報告型：実習などの成果をまとめたもの

論証型：指定されたテーマについて、根拠にもとづいて自分の考えや主張を示すもの

いずれのレポートについても、求められているのは

・「問い」（問題は何か）を明確に示していること
　あるいは、どのような「課題」に応えるためのレポートなのか（レポートの目的）を明確に示していること
・「問い」や「課題」に応える手がかりとなる資料（文献やデータ）、フィールドワーク（実地調査）や実験のデータなどが揃っていること
・その「問い」に対する「答え」（自分なりの考えや主張）が、論拠を示しながら論理的に書き表されていること

である。

■レポートは、感想文や作文ではない

次の文章は、本を読んだ感想を素直につづった読書感想文の一例である。

　…という場面で、××は、何も言えないで、ただ泣いていました。昔、私も、そういうことがあったので、すごく感動しました。

　人間って、本当に言いたいことがあるときには、何も言えなくなるのか、と改めて思いました。それで私は、この作品を人にも勧めたいと思いました。

このように、「感動した」「勧めたい」などの個人的な感想を記した文章はレポートではない。レポートを書くとは、自分の「問い」に対して、論拠を示しながら自分の考えや主張を示した学術的な文章を書くということなのである。

レポートを書く経験を積み重ねることによって、自分で課題を設定し、自分で調べ、自分の考えを書き表す力を身につけよう。

以下では、主に論証型のレポートについて解説する。

■「問い」を設定する

「問い」とは、レポート全体を通して論じていく内容であり、

　　　△△△は、◎◎すべきか？

　　　なぜ○○○が必要なのか？

　　　◇◇◇の問題点とはなにか？

　　　どうすれば□□□できるか？

などのように、疑問文で簡潔に表せることが必要である。たとえば「…について」や「…とは何か」などは、漠然としていて「問い」としては不十分であり、より明確にする必要がある。

先生から広いテーマが示され、その中で自分の「問い」を設定する場

合には、論拠となりえる適切な資料や情報があり、自分の考えや主張についてのおおよその見通しが立てられそうなことを、一つから二つ程度、選択するとよい。まずは、手がかりとなりそうな資料や情報を探し、それらの内容を読み進めながら、「これならば書けそうだ！」という「問い」を絞り込んでいこう。

　上手く書けずに、最初に考えた「問い」を途中で変更したり、資料や情報を集め直さなければならない場合もあり得る。時間的に余裕をもって、計画的に取り組もう。資料（図書や論文）が指定されている場合には、早めに入手するようにしよう。

■書きながら考え、考えては書き直す

　「問い」に対する「答え」としての自分の考えや主張は、いろいろな資料を読み、実際に書き進めることによって徐々に明確になってくる。自分の考えが、最初は明確だと思っていても、いざ論拠を示しつつ順序立てて書こうとすると、思うように書けないことも多い。私たちは、「自分の考え」が何を論拠としているかということを、日常的にあまり意識していないからである。行き詰まってしまったら、自分の考えを明確にするために、頭の中にある考えを図や表にしてみるとよい。また、書き進めるうちに、自分がどこまで理解し、どこが理解できていないか、何を考えていなかったか、読み手にどのように伝えればよいか、なども分かってくる。

　レポートを書くというプロセスは、**試行錯誤を繰り返しながら、考えをまとめる行為**である。自分の考えや主張がある程度まとまったら、書けそうな部分から書き始めてみよう。そして、いくらか書き進めたら読み返して、筋が通った文章となっているかを確認し、必要に応じて書き直すという作業を繰り返そう。

　もちろん、指定された分量（文字数や枚数）や締切日は厳守しなければならない。

■読み手が誰かを常に意識する

　レポートは、自分の考えや主張を読み手に伝えるための文章である。したがって、読み手に理解してもらえなければ、書いた意味はない。大学でのレポートの場合は、実際には先生が読み手であることが多い。しかし、もう少し広く考えて、自分とは異なる経験や意見を持つ他人を読み手として想定し、**自分の考えや主張が読み手に正確に伝わるか**を常に意識して書こう。

●2　レポートを書く手順

　レポートは、次のような順序で書き進めるとよい。

1. アウトラインを作成する
2. アウトラインを肉付けする
3. 文章にまとめる
4. 引用した文献を明記する
5. タイトルを確定し、体裁を整える

●3　アウトラインを作成する

　いきなり文章を書き始めるのではなく、まず全体の構成を考えてアウトライン（骨組み）を作成しよう。アウトラインは、本の「目次」のようなものなので、箇条書きでよい。

　全体の構成は「序論」→「本論」→「結論」とする。それぞれの分量の目安は、序論が20〜25％程度、本論が60〜70％程度、結論が10〜15％程度とする。本論は3つ程度に分けて論拠を説明するとバランスがよい。

　これらを踏まえて、アウトラインは次のように作成する。

構成	アウトライン
序論	1. はじめに 「問い（問題）」とその背景、問いに対する「答え（自分の考え・主張）」の要点、用語の定義など
本論	2. 見出し 一つ目の論拠 3. 見出し 二つ目の論拠　　「答え」の論拠の説明 4. 見出し 三つ目の論拠
結論	5. おわりに 「問い」と「答え」の概略、今後の課題など

　全体をいくつかの節（セクション）に分け、それぞれの節に番号（1. 2. 3. …、(1)(2)(3) …など）を付ける。

　最初の節（第1節）は「序論」であり、設定した「問い（問題）」を疑問文の形で明示するとともに、その「問い」の背景や「答え（自分の考え・主張）」の要点、用語の定義などを書く部分とする。

　次の節（第2節）からが「本論」であり、「答え」の論拠の説明を書く部分とする。本文の内容を端的に表すような「見出し」を付ける。

　最後の節は「結論」として、「問い」に対する「答え」の概要や今後の課題などを書く部分とする。

●4　アウトラインを肉付けする

　作成したアウトライン（**骨組み**）に、短い文章やキーワードを思いつくままに書き加えていこう（**肉付け**）。書くべき内容を該当する節に一通り当てはめたら、全体の筋道が通っているか、話があちこちに飛んでいないか、「問い」と「論拠」と「答え」が論理的につながっているか、思い込みや感想になってしまっていないか、などを確認する。

「問い」と「論拠」と「答え」の論理的なつながりについては、概ね以下の考え方にもとづいて確認しよう（論理的な考え方については、第4章を参照）。

あなたは今、「pである」ということを論拠にして、「ゆえに、qである」と主張しようとしている。このとき、次の3点を考える必要がある。

1.「pではあるが、qではない」と言える事例はないか？
2.「qでなければ、pではない」と言えるか？
3.「qであるから、pである」としか言えないのではないか？

この段階で、最初に考えていた「問い」「答え」「論拠」の調整や修正が必要な場合もある。

●5　文章にまとめる

アウトラインに書き加えた内容を、読み手に伝えるための文章にしていこう。ここでは横書きのレポートを前提として説明する。

■パラグラフ・ライティング

読み手にレポートの内容を論理的に伝えるために、一つの話題について書いたパラグラフを組み合わせて全体を構成する、**パラグラフ・ライティング**の方法を身につけよう。

■パラグラフとは

パラグラフについて、第3章では、

学術的な文章の全体は、複数のブロック（内容的なまとまり）によって構成されている。そして個々のブロックは複数の文章によって組み立てられている。このブロックのことを「パラグラフ」といい、基本

的に一つのパラグラフには一つのトピック（話題）が示されている。

と説明した。

　レポートでは、複数の文章によって組み立てられたパラグラフがまとまって「節」が形成されている、と考えてよい。すなわちパラグラフは、「節」を構成する基本的なパーツ（部品）である。

　パラグラフは、形式的に1字下げて書き出して、書き終えたら改行する段落とは考え方が異なることに注意しよう。

■パラグラフの構造

　パラグラフは、主題文と補足文によって構成される（主題文は「トピック・センテンス」「中心文」とも言う。また、補足文は「サポート・センテンス」「支持文」とも言う）。主題文は、そのパラグラフの内容を要約して表す文であり、補足文は、主題文を言い換えたり説明したりする文である。パラグラフごとに、どういう主題文を、どのように補足するかを考えながら書き進めよう。これが、パラグラフ・ライティングである。

〈例〉

　<u>パラグラフは、主題文と補足文から成る。</u>主題文とは、そのパラグラフで言いたいことを述べる文であり、補足文とは、例をあげたり、論拠をあげたりして、主題文を説明する文である。実際のパラグラフでは、主題文が明示されていないこともあるが、これは望ましいことではない。

　この短いパラグラフの主題文は、下線を引いた部分である。それに続く文章は、その主題文を具体的に説明する補足文である。この例のように、パラグラフの最初に主題文を書き、続けて補足文を書くと、読みや

すい文章になる。

■パラグラフのパターン

　パラグラフは、主題文をどのように補足しているかによって、いくつかのパターンに分類できる。以下、文章を論理的に書くときに重要な役割を果たすパラグラフの代表的な例を示す。

(1) 用語の意味を明確にする

　主題文で使用した用語の意味を説明する。特に、分野や文脈によって異なった意味で用いられる用語については、その定義を示す。

〈例〉「実証科学は、経験的知識の体系化である」という主題文を詳しく
　　説明する。

> 　ここで言う「経験的知識」あるいは「経験にもとづく知識」とは、観察あるいは目撃にもとづく知識か、あるいは観察・目撃から推論されて得られた知識のことをいう。したがって経験的な知識は、別の観察や実験結果によって、さらなる裏付けを与えられたり、あるいは逆に訂正されたりする。この点で、経験的な知識は、公理からの演繹によって得られる論理的あるいは数学的な知識と根本的に異なる。

(2) 例示する

　主題文について、例をあげて説明する。

〈例〉「日本の家族は夫婦の結合よりも親子の結合が中心である」という
　　主題文を、例をあげて詳しく説明する。

日本の伝統的な家族である直系制家族では、家系の継承者である父－息子のラインが中軸でありながらも、内実は母－息子の結合が中核となっていたことが、明らかにされている。戦後、夫婦制家族になっても、夫は職場を志向し、家庭は母子中心であることが多く、母子中心のこの文化型が続いていることが指摘されている。

（3）限定を加える

　主題文が成り立つための条件を示し、主題文が述べていることを限定する。

〈例〉

　「この地方の新年の食事では、そのために特別な儀礼を行って屠った子羊の肉が出される」という主題文の条件・制約を述べる。

　ただし近年では、急速な欧米化にともなって、どの家庭でも、こうした儀礼をおこなう伝統的な食事が見られるわけではない。しかし、子羊の肉を使った料理は、やはり今でも特別な意味をもった宴には、欠かすことのできないメニューである。

（4）原因・結果を述べる

　どのような原因によって、どのような結果が引き起こされるのか、因果関係を明らかにする。主題文には、原因を書いても、結果を書いてもよい。

〈例〉「近年、大学間で差異化しようとする動きが目立つ」という主題文
　　を、因果関係（原因と結果のつながり）という点から説明する。

　　最近の大学案内には、「グローバル」「キャリア・デザイン」「ブ
　ランディング」など、時代の先端をイメージするような様々な用語
　を多用する傾向が見られる。こうした状況の一因には、18歳人口の
　大幅な減少により、優秀な受験生を確保しようとする競争が激化し
　てきたことがある。

(5) 推論

　推論（ある前提から結論を論理的に引き出すこと）によって、主題文
が論理的に帰結することを明らかにする。

〈例〉「最近の元素分析によると、これらの土器の製作は、紀元前500年
　　にまで遡るという」という主題文を推論によって説明する。

　　もちろん、この元素分析の方法に関しては、その信憑性が疑わし
　いとする声もある。しかし紀元前500年ころに、この地方で稲作が
　行われていたとしたら、古代の農業技術は原始的であったにもかか
　わらず、稲作が東日本全体に伝播するのには十分な時間があったこ
　とになる。こうしたことを考えれば、元素分析の方法を頭から否定
　するのは合理的でなかろう。

(6) 比較（類似／差異）

　二つ以上の対象についての共通点や相違点を示す。その際に重要なの
は、どういう視点から比較するのか、という観点を示すことである。

〈例〉「デフレと金融恐慌は、そのときに生じる経済現象に関しては、似ているところが多い」という主題文を、共通点を挙げながらも、むしろ違いに焦点をあわせて説明する。

デフレのときにも金融恐慌が起きたときにも、資金繰りに行き詰まって倒産する企業が続出するなど、似たような現象がいろいろ生じる。しかし、デフレの場合は、消費の落ち込みや過剰生産によって、在庫をかかえた企業の資金繰りが苦しくなるのに対して、金融恐慌の場合は、信用が極度に収縮するために、順調に生産・販売している企業でさえ貸し渋りによって資金繰りが苦しくなる。すなわち両者は、一見すると同じ経済現象のように見えるが、必ずしも同じではない。

その「例」は効果的か？

　話が抽象的で読み手が分かりにくいのではないかと考えて、「たとえば…」「具体例としては…」など、「例」を挙げて説明することがよくあります。ただし、的外れな「例」は、読み手の混乱を招いたり、誤解の原因になり得るので注意が必要です。また、「例」を長く書きすぎると、読み手が、そもそも何の話だったかを見失ってしまうことにもなります。

　自分の主張が正しいことを示す根拠として、具体的な「例」を示すことがありますが、その場合には「反例」（その主張が成り立たないことを示す例）が無いかどうかを確認することも必要です。また、極めて特別な例（例外）を根拠として提示すると、逆に説得力を欠くことになってしまいます。

　適切な例が、読み手の理解を深める効果をもたらすことは確かです。その「例」は効果的か？読み手の立場で考えてみましょう。

■事実と意見を区別する

　レポートの文章は、「客観的な事実」と「個人的な意見」を読み手に分かるように区別して書く必要がある。事実とは、誰もが一定の手順を踏めば、それが成り立っていることを認識できる事態のことである。そして意見とは、事実に対して「…であろう」「…であってほしい」というような個人（自分や他人）の考えである。

　「X先生の授業は、つまらない」

　この文は、事実を述べているのか、それとも意見を表明しているのか？もし事実を述べているのなら、誰もが、ある共通の基準に従って、この文章の真偽を確かめることができなければならない。それができないのであれば、この文は「X先生の授業はつまらない、と私は思う」という意見を表明していることになる。

　実際には、事実と意見を厳密に分けることが難しい場合もあるが、少なくとも、自分が今書いている文章が、事実なのか、それとも意見なのかを意識しながら書くことは大切である。

5

■箇条書きを活用する

　箇条書きによって、読み手に要点が明確に伝わる場合もある。ただし、箇条書きそのものは、完結した文章ではないので、前後の文章と適切につなげる必要がある。基本は文章で説明し、ポイントとなる点を示す部分などで箇条書きを用いるのが効果的である。

　一般には、以下の3点が重視される。
1. ………していること。
2. ……………であること。
3. ………できること。
したがって、これらは…

■表やグラフを活用する

　自分で作成したり、図書や論文などに掲載されている表やグラフ・図などを、必要に応じて挿入するのもよい。ただし、次のルールを守ろう。

1. 挿入した表やグラフ・図には、見出し（タイトル）を付ける。
2. 複数挿入するときには、通し番号を付ける。
3. 自分が作成したもの以外には、それが掲載されていた出典（誰の、どの図書・論文等に掲載されていたのか）を明示する。

〈例〉

　…に関する直近3年間のA社、B社、C社のXの推移を、
表1に示す。

表1　最近3年間のXの推移

（単位：人）

年度	A社	B社	C社
2021	100	100	140
2022	120	98	145
2023	135	60	97

（出典：2024年度○○白書、p.55）

このような状況から、…

■文体のルール

（1）「である体」で書く

　文章は「です・ます体」ではなく、「〜である。」「〜と考えられる。」「〜と言われている。」「〜のようである。」や否定形の「〜ではない。」「〜とは考えられない。」などの「である体」で書く。「〜だ。」は「〜である。」の短縮形であり、レポートではあまり使わない方がよい。「〜なのである。」は、強く主張したいところに限定して使うと効果的である。

（2）体言止めは避ける

　たとえば「地球温暖化。まさに21世紀の人類にとって最大の問題。」などのように、新聞や雑誌の見出しでよく見かける体言止めは使わない。ただし、箇条書きや図の中では、誤解を生じない程度であれば使用してもよい。

（3）口語表現は言い換える／使わない

　たとえば「真逆」「…っていうのは」「…じゃなければ」「…なので」「ちょっと違う」「すごく」「でも」などは（くだけた）口語表現であり、それぞれ「対極」「…というのは」「…でなければ」「…であるため」「少し異なる」「非常に」「しかし」などに言い換える。また、「<u>あと</u>、〜〜については…」「<u>それから</u>…は、」「<u>正直</u>、…とは考えられない」「予想と<u>まじで</u>違っていた」など（下線の部分）の表現は使用しない。

（4）指示代名詞の多用は避ける

　「あれ」「これ」「それ」といった指示代名詞や、「このこと」「先に示した事実」などの指示表現は、何を指示しているのかが、読み手に明確に分かるように使う必要がある。指示代名詞や指示表現をまったく使用しないと、回りくどい文章になってしまうが、多用しすぎると、指示する対象が不明瞭になるため、注意しよう。

（5）あいまいな表現や冗長な表現はしない

　「<u>わりと</u>多い」「<u>昨今の状況は</u>…」「<u>しばらく</u>…であった」など（下線の部分）のあいまいな表現は、具体的にどの程度なのかをできる限り表すようにする。

　また、「次に、年金制度の問題点と**思える点**について説明**してみたいと思う**」というような書き方は冗長である。「次に年金制度の問題点について説明する」と簡潔に書こう。

（6）外来語に注意

　「ラジオ」や「スケジュール」などのように、誰もがその意味を理解できる言葉であれば問題はないが、「インキュベーション」「バイオマス」「プロトタイプ」などのように、日本語の意味がそれほど定着していない外来語の場合には、読み手にその意味を正確に伝える必要がある。

理解しやすい日本語で言い換えたり、説明を付したり、原語のつづりを添えるなどの工夫をしよう。

また、「DX」や「LCC」のように、アルファベットの略語を使用する場合には、必要に応じて、原語を示すか日本語を併記しよう。

〈例〉
コミュニケ（共同声明）
アクセシビリティ（利用しやすさ）
プレゼンス（存在感）
DX（Digital Transformation）
LCC（Low Cost Carrier）

（7）人名の表記

　レポートでは、人名に敬称を付したり、敬語を使う必要はない。「○○先生がお書きになっているように…」とはせず、「○○は…と述べている」という文章にする。同じ人名を繰り返す場合には、最初のみ姓名を表記し、その後は姓のみとする。外国人の場合は、最初のみカタカナと原語を表記し、以後はカタカナのみとする。

〈例〉
　スコットランド生まれの道徳哲学者アダム・スミス（Adam Smith）は……である。スミスは『国富論』の中で次のように書いている。……

（8）アルファベットと数字の表記

　アルファベットと算用数字（アラビア数字）は、原則として半角で表記する。ただし1字だけの場合には、全角か半角かを見た目で判断して決める。熟語や成句、固有名詞などに数字が含まれる場合には、漢数字やひらがなを用いる。縦書きが指定された場合に、漢数字を用いるかどうかは、先生の指示に従おう。

（9）特定の語句を強調する

　特定の語句を強調する必要がある場合は、傍点や下線を使う。強調したい文字のフォントを、**太字**やゴシック体にしてもよい。ただし、強調部分が頻出すると、読み手は見づらくなるので多用は避ける。

　引用した文章の一部分を強調するために傍点や下線を付した場合には、原文の著者が付したものではないことを示すために、「傍点は引用者」などの注釈を挿入しなければならない。原文自体に下線や傍点が記されている場合には、原文のままであることを示すために、「下線は原著者」などの注釈を付しておくとよい。

■**分かりやすい文章に仕上げる**

　一通り文章を書き上げたら、読み手の立場で何度も読み返して、分かりやすい文章に仕上げていこう。

（1）主語と述語の関係が明確か

　日常の会話では、主語が省略されたり、主語と述語が対応していなくても、理解し合える場合が多い。しかしレポートの文章では、主語と述語が明確に対応していなければならない。主語と述語の対応が読み手にすぐに分かるように、一文が長い場合には、二つ以上の文章に分け、接続詞でつなぐようにしよう。

（2）接続詞の使い方は正しいか

　接続詞の役割は主に、一つのパラグラフ内の文章や、複数のパラグラフ間の相互の関係を示すことである。接続詞によって、論理的なつながりが適切に表現されているかを確認しよう。「以前は」（時間）、「このためには」（目的）、「その結果」（因果）、「このように」（例証）、「つまり」（要約）など、接続詞にはさまざまなものがある。

（3）誤字・脱字や変換ミスはないか

　特に注意しなければならないのは、パソコン等で入力した際の変換ミスである。日本語には多くの同音異義語があり、変換ミスによって「汚職事件」が「お食事券」と記されるような、あり得ない文章になっていることは少なくない。その他、「確率」と「確立」、「普遍」と「不変」、「機会」と「機械」、「自律」と「自立」、「脅威」と「驚異」、「機能」と「帰納」など、文脈に沿った正しい漢字が使用されているかを注意深く確認し、読み手に文章の意味が通じなかったり、誤解されたりする事態を回避しよう。

5

●6　引用した文献を明記する

　あらゆる学問分野における学術研究は、これまでに行われた研究の蓄積の上に、新たな成果を積み重ねていく活動である。そこでは、どの部分がこれまでに公表された研究成果であり、どの部分が新たな成果なのかを明確に示すための、**引用**のルールが確立されている。他人の書いた文章やデータの出典（出所）を示さずに、自分の文章の中に用いることは、「剽窃」や「盗用」という不正行為として強く戒められている。

　レポートにおいても同様に、「問い」とその背景、そして、その問いに対する「答え（自分の考え・主張）」の論拠を示すために、どのような資料や論文等を参考にしたのかを「引用」という確立されたルールに

従って必ず明示しなければならない。剽窃や盗用は、大学での学びにおいても不正行為である。他人の書いた文章を、自分が考えて書いたかのように書き写す（コピペ）に至っては言語道断である。

引用のルールとして、少なくとも次の二つのことに気を付けよう。

・どの部分が引用なのかが、明確に分かる文章を書く
・引用した資料や論文等（引用元）の情報を明示する

■どの部分が引用なのか、明確に分かる文章を書く

引用する場合には、どこからどこまでが他人の文章なのか、一見して分かるようにしておく必要がある。

引用には、

・引用元の文章や、一部の語句をそのまま引用する
・引用元の文章の内容を要約して引用する

という 2 通りの方法がある。

（1）引用元の文章や、一部の語句をそのまま引用する

引用した文章や語句をそのまま、全く変えずにカギカッコ（「　」）で括って明示する。ただし、引用する文章に付された句点（。）は省略する。

〈例〉

この点について廣松渉は「批判というのは吟味・検討の意味でして、全面的に賛成・追認してしまうケースをも含みえます」（廣松、1988、p. 4）と述べている。

〈例〉

　廣松渉が述べているように「批判というのは吟味・検討の意味」
（廣松、1988、p. 4）である。

(2) 引用元の文章の内容を要約して引用する

　引用元のそのままの文章を引用するのは長すぎると判断した場合や、
直接関連しない事柄が混在していている場合には、要約であることが分
かるような文章にして引用する。

〈例〉

　批判という作業について、廣松の見解は概ね［…ここに要約した内容
を書く…］ということになる（廣松、1988、p. 4）。この見解に従うな
らば、…。

■引用した資料や論文等（引用元）の情報を明示する

　上記の〈例〉における（廣松、1988、p. 4）のように、本文中には引
用元に関する「著者名、発行年、引用文が掲載されているページ」を示
す。そしてレポートの最後に、より詳しい引用元の情報を列挙した文献
リストを付ける。

　文献リストは、「参考文献」あるいは「引用文献」と記した下に、引
用元の情報を一定の順番（著者名順や出版年順など）で配列し、一貫し
た書式で表記する。

〈例〉

参考文献

大庭健（2004）「道徳言明は、いかにして真あるいは偽たりうるか」
『思想』2004年5月号、No. 961. 5-37

金子洋之（1994）『記号論理入門』産業図書

狐崎知己（2018）「開発─長期的発展経路と決定的な分岐」
山岡加奈子編『ハイチとドミニカ共和国』アジア経済研究所

※ただし、引用の仕方は学問分野によってルールが異なるので、先生
の指定に従うこと。

文献リストにおける引用元の書式（表記の仕方）は、以下を参考にす
るとよい。

1. 単一の著者が書いた図書の場合

著者名（出版年）『書名』出版社名

〈例〉

金子洋之（1994）『記号論理入門』産業図書

Hardt, M. and A. Negli,（2000）*Empire*, Cambridge: Harvard University Press.

※英語の図書の場合、書名はイタリック体（斜字体）にするか、下線
を引く。

2. 複数の著者が分担執筆した図書の中の章の場合

著者名（出版年）「章タイトル」編者名『書名』出版社名

〈例〉

狐崎知己（2018）「開発─長期的発展経路と決定的な分岐」
　　山岡加奈子編『ハイチとドミニカ共和国』アジア経済研究所

3. 雑誌に掲載された論文の場合

著者名（発行年）「論文タイトル」『雑誌名』巻号　ページ

〈例〉

大庭健（2004）「道徳言明は、いかにして真あるいは偽たりうるか」
　　『思想』2004年5月号　No. 961. 5-37

大庭健（2016）「意思作用は幻想？」『専修人文論集』99号. 601-617
https://senshu-u.repo.nii.ac.jp/?action=repository_uri&item_id=2141&file_id=32&file_no=1（2023年2月23日取得）

※電子版の場合、URLと取得日を書く。

4. ウェブ上の文書の場合

著者名　公表年もしくは最終更新年「文書名」URL　参照日

〈例〉

国立国会図書館「電子情報の長期的な保存と利用」
https://www.ndl.go.jp/jp/preservation/dlib/index.html（参照2021-09-18）

国立国会図書館　2022「国立国会図書館デジタル資料長期保存基本
計画 2021-2025」
https://www.ndl.go.jp/jp/preservation/dlib/pdf/NDLdigitalpreseravation_
basicplan2021-2025.pdf（参照2023-02-12）

※ウェブ上の文献は、削除や変更の可能性があるため、サイトを参照
　した日を明記する。

●7　タイトルを確定し、体裁を整える

　表紙の書式等が先生から指定された場合には、もちろんそれに従う必
要がある。特に指示が無い場合には、以下を参考にするとよい。

■必ずタイトルを付けよう

　レポートには、読み手がその内容（特に「問い」）を推測できるよう
なタイトルを付けなければならない。長くなってしまう場合には、サブ
タイトル（副題）を付けるとよい。

〈例〉
地球温暖化と原発について
　— 二酸化炭素排出量の観点からの検討 —

■表紙を付けよう

　全体が複数枚にわたる場合には、一枚目に表紙を付け、次のような項目を書く。タイトルは大きめの文字にするとよい。

・授業科目名
・授業曜日・時限
・提出日
・タイトル
・学部・学科名
・学籍番号
・氏名

〈例〉

「図書館概論」レポート

（木曜日 2 限）

2024年 7 月20日提出

「図書館の自由」と図書館利用者のプライバシーの保護
― 図書館利用者の立場から ―

文学部歴史学科 1 年（学籍番号：LR ○○○○）

山田太郎

■体裁を整えて提出しよう

　読み手が読みやすい書式（文字の大きさやフォント、余白など）とし、余白にページ番号を付すこと。紙に印刷して提出する場合には、ホチキスなどで留める必要がある。

第6章

プレゼンテーション

● プレゼンテーションとは何か

自 分		聞き手
意見・主張 研究結果 調査結果 　　　　　など	→ プレゼンテーション →	

　プレゼンテーションとは、発表者と聞き手とのコミュニケーションである。

　効果的なプレゼンテーションをするために、しっかりと準備をしよう。

● プレゼンテーションの準備の流れ

聞き手や会場の確認と目標の明確化

アウトラインの作成

発表内容の調整

発表用資料（レジュメ、スライド、ポスター）の作成

口頭発表の練習

本　番

●1 プレゼンテーションとは

複数の聞き手の前で、口頭で発表することを、**プレゼンテーション**（presentation）といい、レジュメやスライドを用いた口頭発表や、大判のポスターの前で行うポスター発表などの形式がある。有意義な学びの機会とするための、さまざまな知識とスキルを身につけよう。

資料や文献を読んだり、調べたりしたことを、的確にまとめて発表し、その内容をもとに議論（第4章参照）をすることは、大学の学びの核である。特にゼミナールでは、こうした発表と議論によって進められる。

大学では、自分で調べた内容に関するプレゼンテーションの機会が数多くある。そして、良いプレゼンテーションをして得られた知識や経験は、社会人になっても十分に生かすことができる。社会に出ると、自分の考えを相手に共感してもらえるように表現しなければならない場面が数多くあるからである。

プレゼンテーションでは、聞き手に内容を分かりやすく伝えるだけでなく、その場でさまざまな質疑が行われる。有意義な情報伝達と意見交換の機会とするために、さまざまな知識とスキルを身につけよう。

●2　プレゼンテーションのポイント

　プレゼンテーションは、**聞き手とのコミュニケーションの機会**であると考えよう。したがって、聞き手が発表の内容について共感して興味をもってもらうように伝えることが必要である。聞き手から沢山の質問や意見などが出されたら、そのプレゼンテーションは上手くいったと考えてよい。質問や意見は、発表内容について聞き手が興味を持ち、もっと知りたいと思っていることの表れだからである。質問には誠実に返答し、意見は真摯に受けとめよう。

　一般のコミュニケーションと同様に、聞き手によって、重点を置く部分や話し方、表現などを変える必要がある。大学での学修に限っても、想定しうる聞き手は次のように多様である。

- ・ゼミナールの先生、同級生や先輩・後輩
- ・同じ学部の先生や大学院生
- ・専門分野や学年が違う友人
- ・大学の職員
- ・地域の人々
- ・企業の人々

　たとえば、ゼミナールで発表する場合には、共通の知識や経験を持つ聞き手に向かって話すので、発表の前提となる内容を省略して進めることができる。一方で、専門分野が異なる友人たちが聞き手である場合には、はじめに発表内容の背景や前提、専門用語や知識などを分かりやすく説明して理解してもらう必要がある。また、地域や企業の人々の協力を仰ぐためのプレゼンテーションでは、自分たちの考えや提案に共感し受け入れてもらえるような説得力のある内容や話し方を工夫することになる。失礼にならない丁寧な話し方や態度、服装にも気を付ける必要がある。TPO（Time, Place, Occasion：時と場所と機会）に気を配ろう。

●3 プレゼンテーションの準備

効果的なプレゼンテーションをするために、発表（本番）に向けて、次のような準備をしっかりと進めていこう。

聞き手や会場の確認と目標の明確化
▼
アウトラインの作成
▼
発表内容の調整
▼
発表用資料の作成
（レジュメ、スライド、ポスター）
▼
口頭発表の練習
▼
本　番

●4 聞き手や会場の確認と目標の明確化

■聞き手や会場のことを知ろう

プレゼンテーションは、発表者が主導して進めるために、発表者の独りよがりになりがちである。プレゼンテーションは相手への**贈り物**（プレゼント）だと言われている。何よりも聞き手のことを十分に考えて準備をしよう。

具体的には、聞き手の人数や年齢層、発表内容に関する興味・関心や知識の程度などを把握しておくとよい。分からない場合には主催者等に問い合わせるなど、能動的に情報を収集しよう。必要であれば、事前に参加者へのアンケートを実施するのもよいだろう。

また、会場の広さや明るさ、机・椅子の配置、発表者の立ち位置、使

用可能な機材（プロジェクタ、スクリーン、マイクなど）などについても確認しておこう。ポスター発表の場合には、掲示するボードの大きさや、配布資料を置く机の有無などのチェックも大切だ。

■目標を明確にしよう

　プレゼンテーションの目標とは、聞き手にどうなってほしいのか、あるいは、発表者がどうなりたいのか、ということである。どのような目標を立てるかによって、発表の仕方が定まることになる。

　たとえば「自分の調べた内容を聞き手によく理解してもらう」ことが目標であるならば、分かりやすく伝えるために、多くの具体例や図表を用いて丁寧に説明する必要があるだろう。「聞き手の意識や行動の変化をうながす」ことを目標とするのであれば、聞き手が興味を持つような情報を提示したうえで、実現可能性の高い提案や説得力のある話し方が必要である。

6

●5　アウトラインの作成

　短時間に話題が二転三転するようでは、聞き手は話の内容を十分に理解することができない。そこで、レポートと同様に（第5章 p.103〜104参照）、プレゼンテーションにおいても発表全体の構成を表す**アウトライン**を作成しよう。

　アウトラインはシンプルでよいが、発表内容を初めて聞く聞き手の立場にたって、分かりやすい論理展開にすることを重視しよう。

　たとえば、以下のような構成が考えられる。

> 〈アウトラインの構成例〉
>
> 1. 発表の背景と目的
> 2. 既存の研究の紹介
> 3. 研究の方法
> 4. 結果・考察
> 5. まとめ

●6　発表内容の調整

　プレゼンテーションでは発表時間が決められている。限られた時間内で内容を論理的に、そして正確に（聞き手に誤解を与えないように）伝えることを念頭に、アウトラインに沿って発表内容をどのように説明するかを考えよう。

■テーマの説明の仕方

　まず、発表内容のテーマを説明する。「今日は…についてお話しします」という一言で始めると、聞き手はそれ以降の話の内容や、話し手の目的が分かりやすくなる。その中で、聞き手が初めて耳にすることが想定される主要な用語について、簡単に説明しておいてもよい。

　次に、聞き手が発表内容の見通しを持つことができるように、全体の概要（アウトライン）を説明する。そのうえで、自分の考えや主張、結果や考察の裏付け（根拠）となる具体的な情報（調査結果や事実）を、順次説明していくことになる。

　あるいは、最初に結論（自分の考えや主張、結果や考察）を提示して、「その理由は次の通りです。まず…」というような説明の仕方もある。

■聞き手の立場に立つ

　抽象的な事柄や、聞き手が即座に理解しづらい内容を説明する場合には、具体例を挿入するとよい。聞き手も経験したことがあるようなエピソードを挿入することも、聞き手の関心や理解・共感を高めるうえで効果的である。さらに図表や写真、（必要に応じて）動画を使用することも考えてみよう。

　聞き手の立場で考えられるように、一人で考えるだけではなく、クラスやゼミの友人、家族など、他の人から意見をもらいながら改善していくとよい。

■発表時間によって内容を調整する

　アウトラインに沿って、丁寧に説明することも大切だが、指定された時間は厳守しなければならない。聞き手に十分に理解してもらおうとして説明を盛り込みすぎてしまい、結論を話せないまま時間切れとなる事態は避けたい。したがって、定められた発表時間に応じて、アウトラインの各項目について、どの程度まで詳しく説明するのかを調整しなければならない。

　前ページの〈アウトラインの構成例〉をもとに、次のように考えることができる。

発表時間が５分の場合

　慣れていない場合には５分は長く感じるかもしれないが、実際にはアウトラインの項目を、それぞれ簡単に紹介するだけで時間切れとなってしまうほど（あっという間に終わってしまうほどの）短い発表時間である。たとえば「1. 発表の背景と目的」と「2. 既存の研究の紹介」をまとめて簡略化するなど、聞き手に発表内容の核心を論理的に伝える工夫をしよう。

発表時間が10分の場合

　５分に比べれば、アウトラインの各項目について、もう少し詳細な内容を説明することができる。「10分の発表時間の内容を改めて考える」のではなく「５分の発表時間の内容に、５分間分の別の内容を追加する」と考えよう。たとえば「2. 既存の研究の紹介」と「3. 研究の方法」の相違点を説明したり、「4. 結果・考察」の考察を詳細に説明したりするなど、より効果的な発表とするためには、追加の５分間にどのような内容を加えるかを考慮することになる。

発表時間が20分の場合

　10分の場合と同様に、アウトラインの各項目のより詳しい説明ができると考えよう。20分あれば、かなり詳細な内容を説明することができる（実際、多くの研究会や学会での発表時間は、質疑応答を含めて15分から30分程度である）。たとえば各項目を小分けにした細目を設定し、細目ごとに説明したり、最後の「5. まとめ」に今後の構想などを追加したりするなど、聞き手の理解を深め、関心が高まるように内容を追加する。

　次ページの図は、発表時間と発表内容の展開例である。発表時間が長くなるに従い、細目を設定して新たな内容を加えている。これはあくまでも一例である。自分なりにさまざまにアレンジしてみよう。

発表時間ごとの展開例

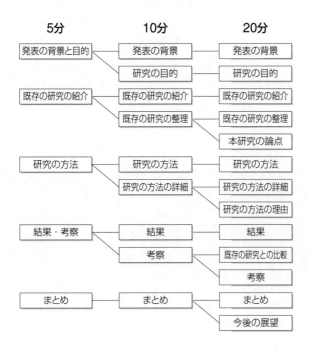

5分	10分	20分
発表の背景と目的	発表の背景	発表の背景
	研究の目的	研究の目的
既存の研究の紹介	既存の研究の紹介	既存の研究の紹介
	既存の研究の整理	既存の研究の整理
		本研究の論点
研究の方法	研究の方法	研究の方法
	研究の方法の詳細	研究の方法の詳細
		研究の方法の理由
結果・考察	結果	結果
	考察	既存の研究との比較
		考察
まとめ	まとめ	まとめ
		今後の展望

　ポスター発表の場合は2〜3分で全体の概要を説明できるように調整しておく必要がある。ただし、概要を説明した後に、聞き手と対話（質疑応答や意見交換）をしながら説明を続けることがある。その際には、聞き手が興味・関心のある部分を重点的に説明するのもよい。

6

●7　発表用資料の作成

　発表の内容や時間配分が決まったら、聞き手の理解を助ける資料を作成しよう。発表用の資料には、聞き手に配布する**レジュメ**や、会場のスクリーンに投影する**スライド**がある。ポスター発表の場合には、発表内容の全体を大判の用紙に表した**ポスター**を作成する。

■レジュメの作成

　レジュメ（résumé）とは、「要約」や「大意」という意味があり、聞き手の理解を助けるために配布する、発表内容の要点等を記した資料である。レジュメには、

> ・発表者が、聞き手に発表の構成や内容を知らせる
> ・聞き手が、発表を聞きながら内容を確認する

という役割がある。

　したがって、アウトラインに沿った内容を短い文章を書いて、聞き手が発表内容の全体を把握することができるようにしたり、口頭では伝えきれないデータやグラフ、図面、数値などを記載したりするのがよい。

　聞き手が発表を聞きながら、メモを取ったり、スクリーンのスライドや発表者の動きを見ることができるように、

> ・大量の情報を詰め込みすぎないこと
> ・詳細にしすぎないこと

に気を付けよう。枚数は1枚から、多くても数枚が一般的である。適切な文字・図面の大きさで表すとともに、行間などに十分な余白をとって、読みやすいレジュメにしよう。

レジュメの作成において気を配るべきポイントは、以下の通りである。

（1）発表内容の全体の流れが一目で分かる

たとえば本の「目次」をイメージしながら

  1. タイトル・氏名（必要に応じて学籍番号等）

  2. 内容の要旨（要約）

  3. 内容（発表の流れの順序で配列する）

  4. 参考文献

というような構成でまとめて、全体の流れを表そう。

（2）発表内容を簡潔に示す

「2. 内容の要旨（要約）」には発表内容を短い文章にまとめ、「3. 内容」では項目を立てて、箇条書きもしくは短い文章で内容を説明する。キーワードは必ず書いておこう。簡潔に表すために、体言止めも有効である。

（3）図表を効果的に挿入する

複数の構成要素の関係が複雑であるような場合には図で示し、数値については、表やグラフで示すことで、聞き手は格段に理解しやすくなる。スライドと同じ図表やグラフをレジュメにも記載し、聞き手が手元で確認できるようにしておこう。

6

程度にもよるが、口頭で発表しない内容をレジュメに含めることは推奨しない。プレゼンテーションは、あくまでも発表者と聞き手との（指定された時間内での）**コミュニケーション**である。「後で読んでください」では、聞き手とのコミュニケーションが成立しないばかりか、「聞き逃してしまったのか？」というような聞き手の混乱を招きかねない。

■レジュメの具体例

　ゼミナールにおいて次のページの内容を発表するとしよう。このまま聞き手に配布することもできなくはないが、レポートのように文章のみで記されているために、「レジュメ」とは言い難い。レジュメはあくまでも、口頭発表において、聞き手の理解を助けるための資料でなければならない。聞き手が説明を聞かずに、この文章を「読んで」理解するというのは、本末転倒である。

　この内容を「レジュメ」にするとP.140の〈レジュメの例①〉のようになる。発表内容全体の流れが一目で分かり、箇条書きや矢印によって発表内容が簡潔に示されていることに注目しよう。聞き手は、今どの内容について説明されているのかを確認しながら、余白に語句の細かい内容などをメモすることができる。

　さらにp.141の〈レジュメの例②〉では、「POSシステム」の仕組みを表す図が入っている。発表の際にはこれと同じ図をスライドで示しながら詳しい説明をすることで、聞き手に十分に理解してもらえるだろう。

　なお、発表時に示すスライドをそのまま印刷して配布資料とすることもあるが、枚数が多すぎたり、図表やグラフが縮小されて見づらくなったりすることもある。適度な分量と見やすさに注意して作成しよう。

〈発表内容の例〉

小売店における購買データとその特徴

　今日の発表では，小売業における購買データ管理の動向について調べ，その利用方法について論じる．

　小売業では旧来からレジスターによる売上管理が行われてきた．1982年にコンビニエンス・ストアのセブン－イレブン・ジャパンが POS（Point Of Sale：販売時点情報管理）システムと呼ばれるシステムを導入したことが，購買データ収集の大きな転換期となった．

　POS システムは，元来は販売・在庫管理と発注業務の効率化のために導入されたものであるが，販売時点で商品単品ごとの売上を瞬時に正確に把握することができるという特徴を持つ（POS システムから得られる売上明細データを POS データと呼ぶ）．また，レシート単位に売上を把握できることから，日々の売れ行きの確認や売れ筋の把握，併売状況分析といった店舗の売上管理に大きく寄与している．さらに，チェーン店の場合は，複数の店舗の売上を比較することができる．このような利便性により，いまや大規模小売業において POS システムは必須のシステムとなっている．

　しかし，POS データは誰が買ったかまではわからないため，顧客ごとに購買状況を分析するなど，さらに深い分析をしようとしてもできないといった限界もあった．

　そこで，ポイント・カードなどを用いた顧客別の販売管理システムが導入されている．ポイント・カード・システムは購買に応じてポイントという形でキャッシュバックをする顧客サービスの仕組みであり，既存顧客の維持を目的として多くの量販店で導入されている．ポイント・カード・データにより，どの顧客がどの商品を購入したかを識別できるほか，カードの申し込み時に顧客の個人属性も把握することができる．POS システムにポイント・カードを組み合わせたシステムから得られるデータは ID 付 POS データと呼ばれる．ID 付 POS データにより，各顧客の購買履歴を把握することができるため，各顧客の属性や嗜好に合わせたマーケティング施策をとることも可能となった．

　小売業では POS データのほかにも，さまざまなアンケート・データやコールセンターへの問い合わせ履歴といった，売上部門で収集されるデータや，気象データや官公庁などから公表されている公開データを並行して利用することで，店舗運営・管理戦略のための様々な分析を行う基盤が整備されている．

6

〈レジュメの例①〉

20△△年○月○日

□○ゼミ討論レジュメ

小売店における購買データとその特徴

学部学科　（学籍番号）　○○　○○

要旨：本発表では，小売チェーン店などで広く利用されている購買データ管理の動向について概観し，店舗運営・管理戦略の分析を行う基盤について紹介する.

1. POS システムと POS データ

・　従来のレジスター　→　POS（Point Of Sale）システム

- ▶ 元来は販売・在庫管理と発注業務のためのシステム
  - ◇　販売時点で単品の売上を正確に記録

- ▶ 瞬時に正確に売上を把握　→　売れ筋商品の早期発見
- ▶ 売上レシート単位で売上を把握　→　併売状況分析
- ▶ 大規模チェーンで同時にデータ取得　→　複数店舗の売上比較
- ▶ ただし，利用者の特定が不可能　→　顧客ごとの購買履歴は把握不可能

2. ID 付 POS データ

・　ポイント・カードと POS システムの連動→ ID 付 POS データ

- ▶ ポイント・カード・システム→購買に応じたポイント（キャッシュバック）サービス
- ▶ 顧客ごとの購買状況，顧客の属性を把握可能
  - 顧客の属性，嗜好に合わせたマーケティング施策が可能に

3. その他のデータ

- ▶ アンケート・データ，コールセンターのデータなど
- ▶ 公開情報データ（気象データ，人口統計データなど）

参考文献
○○研究所（2020）「POS システム」△△出版

〈レジュメの例②〉

20△△年○月○日

□○ゼミ討論レジュメ

小売店における購買データとその特徴

学部学科　（学籍番号）　○○　　○○

要旨：本発表では，小売チェーン店などで広く利用されている購買データ管理の動向について概観し，店舗運営・管理戦略の分析を行う基盤について紹介する．

1. POS システムと POS データ

・　従来のレジスター　→　POS（Point Of Sale）システム
- ▶　元来は販売・在庫管理と発注業務のためのシステム
  - ◇　販売時点で単品の売上を正確に記録
- ▶　瞬時に正確に売上を把握　→　売れ筋商品の早期発見
- ▶　売上レシート単位で売上を把握　→　併売状況分析
- ▶　大規模チェーンで同時にデータ取得　→　複数店舗の売上比較
- ▶　ただし，利用者の特定が不可能　→　顧客ごとの購買履歴は把握不可能

2. ID 付 POS データ

・　ポイント・カードと POS システムの連動→ ID 付 POS データ
- ▶　ポイント・カード・システム→購買に応じたポイント（キャッシュバック）サービス
- ▶　顧客ごとの購買状況，顧客の属性を把握可能
  顧客の属性，嗜好に合わせたマーケティング施策が可能に

3. その他のデータ

- ▶　アンケート・データ，コールセンターのデータなど
- ▶　公開情報データ（気象データ，人口統計データなど）

参考文献
○○研究所（2020）「POS システム」△△出版

6

141

■スライドの作成

スライドは、説明の進度に合わせて 1 枚ずつ表示しながら、また、発表者が指示棒やレーザーポインタで指し示しながら、聞き手に内容を伝える発表用の提示資料である。Microsoft の PowerPoint や Apple の Keynote、Google の Slides などのプレゼンテーション用ソフトウェアを使用して作成する。

スライドは、レジュメよりも「説明している部分のみ」に聞き手の注目を集めることができる。また、カラーの図表や写真、動画や音声、なども提示できる。ただし、表示する情報量が多すぎると、聞き手の負担が大きくなり、逆に内容の理解を妨げるおそれがあることを考えながら準備しよう。

スライドを作成する際には、次の 2 点を意識する必要がある。

・1 枚のスライドに入る情報量には限度がある。

　一度に表示するスライドは 1 枚だけであり、前後のスライドを同時に見せて説明することはできない。したがって、1 枚ずつのスライドには、的確な分量の内容を表示する必要がある。スライド 1 枚に情報（文字や図など）を詰め込みすぎてはいけない。

・全体のスライドの枚数は「やや少なめ」にする。

　時間に余裕をもって説明できるように、「やや少なめ」がよい。発表時間に対してスライドの枚数が多すぎると、短時間に次々と何枚ものスライドを表示してしまい、聞き手が理解するのに追いつけないという事態になりがちである。スライド 1 枚につき、1 〜 2 分を目安としよう。したがって、20分の発表であれば20枚が限度である。

■見やすいスライドを作成するポイント

（1）スライドタイトルを表示する

　最初に発表全体のタイトルを示すスライド1枚を提示する。その後に続けて提示するスライドの上部には、個々のスライドで説明する内容を簡潔に示すタイトル（スライドタイトル）を必ず表示しよう。スライドタイトルによって、聞き手は、発表者が「何を説明しているのか」と「全体のどのあたりの部分の説明を聞いているのか」が分かりやすくなる。

　なお、複数の話題を1枚のスライドで表示すると聞き手が混同しやすいため、基本的に一つの話題を1枚のスライドとする。もしも複数のスライドにまたがる場合には、「…（1）」「…（2）」のように表示して、同じ話題の説明が続いていることが明確に伝わるようにしよう。

（2）聞き手が見やすい文字表現にする

1）ポイントだけに絞る

　スライドはあくまでも口頭説明の補助資料である。文章で多くの文字を表示してしまうと、聞き手はそれを読むことに集中してしまい、説明に耳を傾けられなくなってしまう。文章ではなく、適切な語句（キーワード）を使って要点のみを簡潔に表示しよう。

2）箇条書きや体言止めを使う

　たとえば、「今後の研究課題としては、本発表において提案した方法を現実問題に適用して、その効果を測定することがあります」という口頭での説明は、「今後の研究課題」というスライドタイトルの下に箇条書きで

　　・提案方法の現実問題への適用

　　・提案方法の効果の測定

と記すだけでよい。このように箇条書きと体言止めを効果的に使うこと

で、短くまとめた内容を順序付けて表示することができる。

3）適切な大きさやフォント、レイアウトにする

　文字の大きさは、会場の広さ、スクリーンの大きさ、聞き手の人数等によって工夫する必要があるが、一般には24〜28ポイントを目安とし、最低でも20ポイント以上が望ましいとされる。また、明朝体よりもゴシック体の方が見やすい。重要な部分は、太字にしたり、文字色を変えると効果的である。ただし、フォントや文字色の種類が多すぎると、かえって見にくくなってしまうので注意しよう。適度な余白をとり、文字の配置は左揃えにしたり、高さを揃えたりするなどして、整然としたレイアウトにしよう。

（3）図表やグラフを利用する

　説明する内容を、より分かりやすく聞き手に伝えるためには、図表やグラフを使用するとよい。たとえば、次ページの〈箇条書きの例〉は、箇条書きで内容を表示したスライドである。この内容を〈図の例〉のように示すことで、時間の流れが伝わりやすくなる。

　数値データは、グラフで表すことが効果的である。ただし、棒グラフ、折れ線グラフをはじめ、グラフにはさまざまな種類があることから、データの内容によって適切なグラフを選択する必要がある。

　グラフの種類については、以下のサイトでも学ぶことができる。

総務省統計局「なるほど統計学園」

https://www.stat.go.jp/naruhodo/index.html

（2024年1月現在）

〈箇条書きの例〉

調査の手順

1. 準備段階　　課題の列挙
　　　　　　　　取り上げる課題の決定
2. 調査実施　　データ収集
　　　　　　　　・調査対象の決定
　　　　　　　　・調査方法の決定
3. 分析とレポーティング　　データ分析
　　　　　　　　　　　　　　レポート作成
4. 結果の検討（調査結果に満足しない場合は最初からやり直し）

〈図の例〉

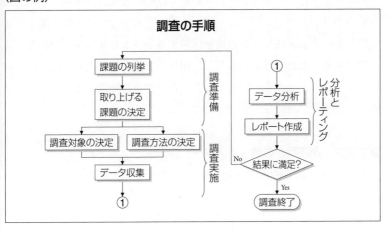

6

（4）写真や動画、イラストを使用する

　写真や動画は実際の様子を示すうえで効果的である。ただし、動画の場合には適度な長さにすることを心がけ、会場で再生が可能かどうかを準備の段階で十分確認する必要がある。音声をともなう動画の場合にはスピーカーが必要になることもある。

　イラストは、より分かりやすく伝える効果がある一方で、多用すると繁雑なスライドとなってしまうため、効果をよく考えながら挿入しよう。他の人が作成した写真や動画、イラストを使用する場合には、利用条件を確認する必要がある。

（5）アニメーション機能は効果的に使う

　説明する内容とタイミングに合わせて該当する部分を表示したり、聞き手の注意を集めたい部分に色付きの下線を追加したり四角で囲んだりするなど、アニメーション機能を活用すると、よりメリハリのあるスライドにすることができる。ただし、聞き手を混乱させたり、説明に集中できなくなったりする要因ともなりうるので、むやみに使うことはせず、効果的な場合だけに使用することにしよう。

■ポスター発表用の資料（ポスター）の作成

　ポスター発表で使用する資料（ポスター）の作成は、基本的にはレ

ジュメやスライドと同様であるが、一般に、ポスターの大きさは予め指定されているため、その範囲で文字の量や図表、グラフ、写真などをどのように配置するかを工夫する必要がある。

　聞き手が多少離れた位置からでも見られる文字や図表の大きさにすることや、発表者が聞き手に説明している途中で別の聞き手が現れた場合でも、ポスターを見ればある程度の内容を把握できるようにすることも必要である。

　学生を対象としたポスター発表会などに参加して、実際のポスターを見てみよう。

●8　口頭発表の練習

　作成した発表用資料を使いながら、聞き手の前に立って、限られた時間内に理路整然と説明することは、実際にはなかなか難しい。緊張で頭の中が真っ白になり、何を話すべきか分からなくなったり、しどろもどろな口調になったりしてしまわないように、**十分な練習（リハーサル）**をしよう。

　口頭発表は、レジュメやスライド、ポスターの行間を埋め、図表やグラフなどの視覚的な表現を説明しながら、話を進めていくものだと思えばよい。書かれている文章をそのまま読み上げるだけでは、聞き手は内容を理解しづらい。大切なのは、**聞き手を見ながら、聞き手に語りかけること**である。

　話す内容を書いた原稿を作成してもよいが、練習を繰り返すことで、原稿ではなく聞き手を見ながら語りかけられるようにしよう。原稿に書いてある内容を完璧に再生する必要性はまったくない。原稿の棒読みでは、伝えたい内容や重要なポイントを聞き手に理解してもらえない。

　とはいえ、「ぶっつけ本番」「出たとこ勝負」「アドリブでやろう」は禁物である。**練習をすれば自信は必ずついてくる**。とにかく地道に練習

6

を重ねよう。

　もちろん、どんなに練習をしていても、本番前の緊張感や不安感はなくならないかもしれない。しかし本番で、「不安ですが」「自信がありませんが」などと聞き手に謝るようなことはしない。聞き手はあなたの発表の内容に関心があるのである。そして、あなたの発表の内容をもっともよく知っているのは、まぎれもなくあなた自身なのである。

■練習のポイント

　練習は1回だけでなく、最低でも10〜20回程度は必要である。発表は、回数を重ねることによって確実に上達する。クラスやゼミの友人、あるいは家族など、他の人に見てもらい、自分の発表の良い点や改善点を指摘してもらうことも有意義である。

　話す量の目安として、聞き手が理解しやすいのは、1分あたり300字程度が上限だと言われている。したがって、発表時間が5分の場合は1,500字以内でまとめることになる。

　時間が足りなくなって肝心の結論やまとめが十分に話せなかったり、早々に話し終えてしまって時間を持て余したりすることのないように、指定された時間内で適切に内容を伝える必要がある。そのためには、実際に時間を計りながら練習をして、どの部分でどれだけの時間を使うのかを確認しながら、細かく時間配分をしよう。

　一般には、自分が調べて分かったこと（結果や考察）や主張したいことに多くの時間を割いた方がよいが、聞き手の知識や発表の目標によっては、前提となる発表内容の背景や既存の研究の紹介に時間を割いた方がよい場合もある。

　発表後の質疑応答のための準備も必要である。事前に想定されるさまざまな質問を考えておき、それらに対して明確に、かつ、制限時間を念頭におき、短く簡潔に答えられるようにしておこう。必要に応じて、発表用とは別にスライドを作成して備えておくとよい。聞き手から有意義

な質問や意見がたくさん出されるような発表を目指そう。

■「話し言葉」で分かりやすく

レポートなどで用いる「書き言葉」では、主語と述語の関係を明確にしたり、論理的なつながりを表す接続詞を正しく使用したりするなど、文法に沿った正確な文章にする必要がある。一方、口頭発表では、音声によって伝えるための「話し言葉」を主に使って、聞き手に内容を伝えることになる。「話し言葉」は「書き言葉」と異なり、必ずしも整然とした文章で説明しなくても理解される。

ただし聞き手は、分からない言葉や、前に戻って確認したい部分があったとしても、質疑応答の時間になるまでは、発表者に説明を求めることはできない。したがって、音声だけでは聞き手が理解しづらいと思われる用語や内容は、同じ説明を繰り返したり、別の表現に言い換えたりする必要がある。

たとえば、「訪英」という言葉は、文字を見ればすぐに意味を理解できるが、音声で「ほうえい」と聞いた場合には、聞き手はさまざまな意味で理解する可能性がある。したがって、「イギリスを訪問する」と言い換える方がよい。聞き手の状況を考えた丁寧な説明を心がけることで、不必要な誤解を避けることができる。

また、論理を展開するときには、「したがって」などの接続詞を効果的に使用することで、聞き手は発表の流れをスムーズに理解することができる。

レジュメを使う場合には随時、聞き手に見てほしい箇所（話の内容と関連する箇所）を伝えよう。スライドの場合には、スライドを切り替えるときに、「次のスライドでは」と言い添えたり、適宜、画面を指したりしながら話すとよい。

■話し方を工夫する

　聞き取りやすい発音や発声（滑舌）、話す速さ、口調、身振り手振りといった動作などの、**聴覚的・視覚的な工夫**も、発表時の重要なポイントである。

　発表全体を通じて、聞き手の方を向いて、早口にならないようにしつつ、聞き手とのアイコンタクトを心がけ、聞き手に同意を求めたり、問いかけをしたりするなど、聞き手と最大限にコミュニケーションをとることを意識しよう。重要な内容や強調したい部分を話すときには、聞き手にそれが伝わるように、身振り手振りを大きくしたり、その部分だけゆっくり、よりハッキリと話す、説明を繰り返すなど、抑揚をつけたりすることも必要である。

　小さな声でぼそぼそと下を向いたまま、レジュメやスライドに目を向けたまま話していては、聞き手に内容が伝わらないばかりか、良い印象を持たれない。また、「ええと」や「あのー」といった言いよどみは、できるだけ減らすように心掛けよう。

　一般向けに公開されているプレゼンテーション動画などで、他の人の発表の仕方を参考にするなどして、自分なりのスタイルを考えてみよう。

■グループでの発表の場合

　グループでの発表準備は、内容や発表用資料を、意見やアイディアを出し合いながら改善できるという点で効果的である。ただし、発表用資料を分担して作成する場合には、最終的には全員が集まって全体の整合性を確認し、内容を理解し、どのように発表するかまで意見交換をしておくことが大切である。

　本番では、たとえば15分程度の発表時間にもかかわらず、5人のグループだからと全員が次々と交代で発表をすると、聞き手がせわしなく感じてしまう。この場合、発表者と質疑応答の担当者を分けたり、2人で話を掛け合いながら発表を進めるなど、役割分担を工夫しよう。分担する役割には、機材の操作、発表用資料の配布、質疑応答のマイク係などもある。

　グループの誰かが発表している間の、他のメンバーの立ち位置や視線なども考えておきたい。バラバラな行動は、聞き手にとっては不自然に見える。自分たちがどのように見えているのかを意識しよう。

6

●9　オンラインでのプレゼンテーション

近年、Zoom や Google Meet、Microsoft Teams のような Web 会議システムを使って研究会や勉強会を行うことが一般的になった。これらのツールを使うと、遠くにいる人とも簡単に、互いに発表して議論を行い意見交換できるという優れた面がある一方、互いの視線や表情を読み取りにくいという側面もある。

オンラインのプレゼンテーションの準備にあたって気を付けるべきことは、原則として、通常の口頭発表の準備と変わらない。しかし、オンラインでプレゼンテーションを行う際には、次のようなことに気を付けるとよい。

（1）質問を投げかけて反応を求めよう

聞き手の多くはカメラをオフにしていることがある。聞き手がどのような表情をしているのか、発表者はまったく分からず、また、聞き手の反応を得にくいために、戸惑うことがあるかもしれない。そこで、時間的に可能であれば、発表の途中で聞き手に簡単な質問を投げかけて、反応を求めるとよい。

多くの Web 会議システムでは、聞き手が挙手ボタンなどを用いて、発表者の質問に対して簡単に反応できるようになっている。反応が分かれば、発表者は安心して発表を続けられる。聞き手も、発表者から次の質問があるかもしれないと自然と考えて、発表に集中しやすくなる。

発表開始時に、話し手のマイクが意図せずにスイッチオフ（ミュート）になっていることもあるので、聞こえているかどうかを確認するなどのやりとりから始めると、発表の途中での聞き手とのやりとりが比較的スムーズになる。

(2) カメラをオンにして発表しよう

　発表者は、発表の様子が聞き手に分かるように、カメラをオンにして発表しよう。発表者の表情が見えると聞き手に話が伝わりやすい。

　ただし、自宅などから発表する際には、プライバシーを確保するために、自分のカメラの画面にバーチャル背景を設定したり、背景をぼかしたりするようにしよう。

(3) 画面共有機能を活用しよう

　発表中は画面共有機能を用いて、提示している資料のどの部分を説明しているのかを明確にしよう。マウスカーソルを使って大きく動かしたり、Web 会議システムが提供しているハイライトツールを用いたりすれば、説明している部分が聞き手に分かりやすくなる。

　なお、画面共有機能によるスライドやレジュメの共有は、あらかじめ実際の発表の前に使い方を確認しておくようにしよう。スライドに埋め込んだ動画等の音声が伝わるかどうかの事前チェックも大切である。

　複数の大学の教室をインターネットでつないで合同発表会を行うこともあるだろう。そのような場合には、聞き手がきちんと音声を聞き取れるように、発表者や質問者はマイクを使ったり、スピーカーとプロジェクタを使って教室全体に伝わるようにしたりするなど、会場設営の工夫が必要である。その際、マイクやスピーカーをつなぐパソコンは1台とし、その他のパソコンはスピーカーとマイクを常時オフにすることで、ハウリングを防ぐことができる。

　自分が聞き手の場合には、発表者に対して反応が分かるようにすることを心がけよう。可能であれば、発表を聞いている最中にカメラをオンにしてもよいし、発表の後に質問をたくさん投げかけるのもよい。積極的に臨んで有意義な時間にしよう。

●第7章●

ネットの
コミュニケーションを
活用する

● インターネットは、大学生活に欠かせない

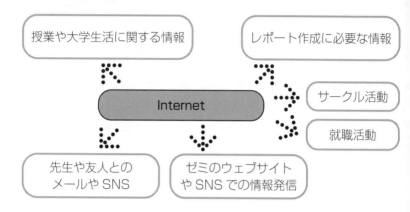

● インターネットは人と人とのつながりだが、相手の顔が見えにくい

ディスプレイの向こうには、生身の人間がいる。

インターネットは、手軽に情報が得られ、簡単に情報が送れる。

その反面、視野が狭くなり、無防備になりやすい。

また、相手の顔が見えるコミュニケーションと違って

○意図せずに有害情報を目にしてしまう

○気づかずに人を不快にしたり、傷つけたりする

という可能性が高い。

● インターネットにひそむ危険や悪意には、慎重に賢く対処する

○スパムメールやチェーンメールに気を付けよう
○フィッシング・サイトに騙されるな

あなたの知らないうちに、
○ウイルスが忍び込む
○他の人のコンピュータにウイルスを伝染させてしまう
○個人情報が流出してしまう
といった危険がある。

○あやしいサイトは開かない
○不用意にリンク先に飛ばない
○セキュリティソフトを常駐させておく
などの心構えや対策を。

● メールは SNS とは違う

先生や学外の人にメールを送るときには、

1. 大学のアドレスを使い、パソコンでメールを送る

   最後に「ac.jp」「-u.jp」のつくアドレスは、身分証の代わり

2. 適切なサブジェクト（件名）を付ける

3. まず、宛名を書き、そして名乗る（氏名、所属・学年、必要なら学籍番号）

4. 用件は、簡潔に

5. 返事をもらったら、必ずお礼のメールを

● 情報発信は責任をもって

○著作権や肖像権のルールを守ろう

○リンクは文献の引用と同じ考え方、ただし使い方には注意を

○公開の範囲を意識し、それに応じた適切なコンテンツを

● コミュニティを活用しよう

○コミュニティには、欲しい情報が集まっている

　専門家からアドバイスを受けられることもある

● チャットがコミュニケーションの主流に

○ビジネスチャットでコミュニケーションが、より手軽になる

　一定のマナーを守って活用しよう

リアルでもネットでも、

コミュニケーションは経験を積むことが大事！

● 1　大学生活と、インターネットの利用

■大学生活とインターネットは切り離せない

インターネットは、現在私たちの生活の一部になっており、大学での学びにおいても欠かすことができない。とりわけ、

- 大学から発信される授業や大学生活に関する情報をインターネット上で閲覧する
- レポート作成に必要な情報を、ウェブサイトやオンラインデータベースなどで探す
- 授業に関する質問や課題を、メールやメッセンジャーで先生に送る
- 授業の課題を、教育支援システムに提出する
- 宿題をする際に、SNS やチャットで友人と情報交換をする

といった作業は、大学生活の一部になっている。

さらに、次のような使い方も珍しくない。

- 必要な本やソフトウェアを買うために、オンラインショッピング（ネットショッピング）を利用する
- 学外の人に、メールやメッセンジャーで質問や依頼をする
- ゼミナールなどの情報交換のために、SNS を利用する
- レポート作成のために、アンケート調査をインターネット上で行う
- 学びのプロセスや成果などを、個人のホームページや SNS などに掲載して広く学内・学外の人に見てもらう
- ゼミナールの活動内容を、ウェブサイトや SNS などで公開する

サークル活動などでも、連絡や情報交換のためにインターネットは不可欠であり、就職活動も、インターネット抜きには行えない。情報収集に始まり、企業説明会へのエントリー、企業との連絡などはほとんどすべてオンラインで行われる。

■インターネットで学びが広がる

このように、インターネットを利用することで、たくさんの情報を得たり、多くの人々と情報を共有・交換したりすることができる。

もちろん、図書館で本を借りたり、新聞や雑誌から記事の切り抜きをしたり、博物館や科学館などを訪れたり、専門的な知識を持っている人の話を聞くなど、以前からの学習法も大切である。インターネットは、それらにとって代わるのではなく、それらに加わることで、学びの手段が広がったのである。

しかし、手軽で便利であるため、ついつい安易な使い方をしがちである。すでにネットを使い慣れているという人も、この章を読んで、大学生という立場でネットを利用する際の注意点を改めて確認しよう。

その一方で、不安や不慣れゆえに、ネットを十分活用しきれない人もいるだろう。いわゆる情報格差（デジタルデバイド）は、パソコンやインターネットの高度化とともに、むしろ拡大するおそれがある。大学生のうちに使い慣れて、自信を持ってネットを使えるようになろう。

●2　インターネットにひそむ危険

■インターネットは人と人のつながりの場

　インターネットは、一見すると無機質でバーチャルな世界のように見えるかもしれない。しかし、そこは人が利用し、人と人とのつながりが生まれる場である。インターネットを利用する際、常にこのことを念頭においておこう。

　あなたは、何らかの目的をもって、一定の労力を費やしてインターネット上のサイトにアクセスする。そこには、同じように、何らかの目的のもとで、何ごとかを意図し、労力を費やして情報を発信している人がいる。すなわち、インターネットを通じたやり取りの向こう側には、あなたと同じ生身の人間がいるのである。

　インターネットで情報を収集するとき、画面上の情報だけに目が行きがちだが、あなたは、実は生身の人間を相手にしている。そこで得られる情報は、ある人がある目的のために収集して掲載したものであり、そうした情報は、その人の価値観や意識というフィルタを通して作られたものである。インターネットを利用するときには、常にこのことを肝に銘じておこう。

■誰でも危険にあう可能性はある

インターネットは、手軽で便利なので、安易に使うことによって、知らないうちに被害を受けたり、気づかないまま他人に被害を与えたり、犯罪に加担してしまうこともある。

具体的には、

・コンピュータ・ウイルスに感染してデータを破壊されてしまう
・気づかないうちに個人情報を盗まれる
・中毒のようにはまってしまう
・知らないうちに、悪意のある人々に利用されてしまう

といった被害を受けたり、逆に

・マナーを守らず、他人を不快にさせる
・気づかぬまま、誤った情報を発信して人や組織に損害を与える
・コンピュータ・ウイルスを他人のパソコンにうつしてしまう
・結果的に、犯罪行為の片棒をかついでしまう

といった他人に被害を与えてしまうことがある。

自分は注意深い性格だから、正しい使い方をしているから大丈夫、と過信してはいけない。どんなに注意をしていても、また普通の使い方をしているつもりでも、自分が被害を受けたり、他人に被害を与えてしまったりする危険が絶対にないとは言い切れない。それがインターネットの世界である。

■インターネットの内も外も、危険なのは同じ

こうした危険は、インターネットだけに特有なものではない。日常生活でも、私たちはたくさんの危険にさらされている。本物だと信じて買ったブランド品が偽物だったり、なくしたクレジットカードを他人に使われたり、ストーカー被害にあったり、といった可能性は、日々の暮らしにつきまとっている。

こうした日常生活での危険と同じだけの危険が、インターネットには

あるのだ、と考えよう。日常生活で危険から身を守るためにいろいろな注意をするのと同様に、インターネットでも注意が必要なのである。

■インターネットの内側は危険に気づきにくい

しかし、インターネットの中では、目に見える生活の風景とは異なって、危険がどこに、どう潜んでいるかが見えにくい。また、インターネットの利用はたいてい一人で行うものなので、間違った方法や危険な使い方をしていても、他の人から注意してもらうことができない。

にもかかわらず、誰でも簡単に利用できるので、多くの人はインターネット上では**無防備**になりやすい。不慣れな場合は特に、その無防備さは取り返しがつかないことになりうる。どんなに慣れていても、視野が狭くなり、手がかりが少なくなる分だけ、判断力が鈍るのだ。このことが、ネットの危険を大きくしている。

今やインターネットでつながる情報空間をも含めて、すべてが私たちの現実世界である。ネットの内側でも外側でも、危険を避けるには、自分自身で注意を払うことが必要なのである。

●3　メールを送るときに気を付けること

多くの人は、SNS、特に LINE を日常的に使ってきただろうから、メールの使い方などわかっている、と思いがちだ。

しかし、大学の学びに関連したメールの使用は、**友人と SNS でメッセージのやり取りをするのとは違う**。大学の学びでのメールの利用として、ここでは次の場合について述べる。

・大学の先生に対してメールを送る場合

・面識のない学外の人に対してメールを送る場合

両者には共通点も多くあるが、重要な違いもある。

■先生にメールを送る場合

　講義やゼミナールを担当している先生に質問などをする場合、たとえ先生が顔見知りであったとしても、友だち感覚でメールを送ってはいけない。挨拶もなく、いきなり話し言葉を使うような文面は避け、一定のマナーを守ろう。

■はじめはパソコンから、大学のアドレスでメールを送ろう

　先生に初めてメールを送るときには、できるかぎり自分の大学のメールアドレスを使い、パソコンから送ることが望ましい。

　スマートフォンから個人のアドレスで送ってしまうと、

　・受信する側には、個人のアドレスが表示されるだけで、送信者がわからないこともある

　・日ごろの癖で、ついつい友だち感覚のメールになりがちである

という弊害が生じる。名前も所属も名乗らずに、いきなり一方的に用件を書いただけのメールを受け取った先生は驚いてしまうだろうし、快く思わないかもしれない。

■残念なメールの実例

　自分では気づかずに、相手が好ましく思わないようなメールを送ってしまうことのないように、残念なメールの実例を紹介する（実際に大学に入学予定の高校生から、オリエンテーションの参加や入学前の課題提出などについて届いたメールをもとに作成した）。

〈例1〉

```
送信者：****@ezweb.ne.jp
サブジェクト：（件名なし）

参加します
```

　このように、サブジェクトに何も書かれておらず、本文が1行だけの
メールはよく見られる。オリエンテーションに参加したいと思しき人の
ようだが、どこの誰だかわからない。そこで、次のような返信を送らな
ければならなかった。

****@ezweb.ne.jp　様

こんにちは。
専修大学ネットワーク情報学部です。

オリエンテーションについてでしょうか、以下の通り
メールを頂いておりますが、お名前がわかりません。

受験番号、氏名と用件を明記の上、再度メールを送信してください。

以上、よろしくお願いいたします。

----- Original Message -----
サブジェクト：(件名なし)
>
> 参加します。
>

　送信者名はメールアドレスを登録している相手にしか自動的に表示さ
れない。そのため、返信の宛名をアドレス（****@ezweb.ne.jp）とせざる
を得なかったことにも注目してほしい。

〈例2〉

送信者：*****@ icloud.com
サブジェクト：(件名なし)

すいません！
画像を間違えて送ってしまいました。
なので
もう1回送らせていただきます！

　このメールは、高校生が課題をメールに添付して送った直後、ミスに
気づいて慌てて送ってきたものだ。サブジェクトに何も書かれていない
し、名乗っていないばかりか、本文が友だち口調になってしまっている。
このような場面では、「！」の多用や「なので」といった口語表現を使
うのはやめよう。

〈例3〉

送信者：センディ（******@hotmail.com）
サブジェクト：AO 合格者の○○○○と申します。

数学の課題が表示されません。

(課題画面のスクリーンショットの添付)

　このメールでは、ふだん友人とのやり取りに使っているアドレスのた
めか、ニックネーム表記がそのまま送信者として表示されている。サブ
ジェクトで名乗ってはいるが、これはサブジェクトの使い方として適切
ではない。先生に送るメールの場合は、実名を設定したメールアドレス
を使い、メール本文の冒頭できちんと名乗るのがマナーだ。
　サブジェクトには、用件を簡潔に書こう。この場合は、「入学前課題
の数学課題について」のようなサブジェクトがよい。

　また、短い一文の本文と、画像を添付しただけのメールでは、受け取った側はどう感じるだろうか。「確認をお願いします」などと書き添えよう。

　以下は、〈例3〉の内容を改善した一例である。

〈改善例〉

サブジェクト：入学前課題の数学課題について

入学前課題数学担当者　様

AO合格者の○○○○と申します。
私用のアドレスから失礼いたします。

入学前課題の件で不具合があり、ご相談させてください。
指示された手順で操作しているのですが、
数学の課題が表示されません。
画面のスクリーンショットをお送りしますので、
ご確認いただき、対処法を教えていただけますでしょうか。
どうぞよろしくお願いいたします。

■先生にメールを送る場合の注意点

　先生に送るメールで気を付けたい点を、以下に挙げる。

（1）必ず宛名を書く

　メールでは、「○○先生」のように、必ず冒頭に宛名を書く。メールの書き方は、もともと手紙の様式を基本としているからだ。さらに、万が一メールアドレスを間違えて送ってしまい、そのメールが無関係な人に届いたとしても、受け取った側がその間違いにすぐ気づくことができる。

7

(2) 適切なサブジェクトを付ける

本文を書く前に、メールの**サブジェクト（件名）**を明記しよう。

そうしないと、受け取る側のメールソフトによっては「non title」などと表示され、それだけであなたのメールは「ゴミ箱」に振り分けられてしまいかねない。

必ず、どういう用件なのかが簡潔に伝わり、相手に確実に読んでもらえるようなサブジェクト（件名）を記入しよう。履修している授業に関するメールなら、

> 「＊＊＊の９月21日提出の課題について」
> 「＊＊＊の授業に関する質問」　　　（注）＊＊＊は、授業科目名

といったように、授業名と用件が端的に分かるものにしよう。

(3) メールではきちんと名乗る

本文の前に、所属・学年（できれば学籍番号も）を明記して**フルネームで名乗ろう**。さらに末尾には、署名も付けておこう。

「メール」は「手紙」のスタイルを踏襲している。先生の多くは、仕事上重要なやり取りをメールで行っており、その際の書式は一般に手紙と同様である。最初に名乗り、最後に署名を付けるのが、メールの標準スタイルなのである。

できれば、名乗った後に短い挨拶を書いておこう。長い挨拶や前置きは必要ない。「こんにちは。＊＊＊の授業ではお世話になっております」程度で十分だ。

(4) 相手に伝わるように用件を書く、ただし簡潔に

次に用件を書く。必要に応じて、**メールを送るにいたった状況の説明**をする場合もある。先生は、学生からメールが来ることを想定していないかもしれないし、質問ならなぜ教室で直接しないのかと思うかもしれ

ない。そうした可能性があるときは、メールを送る理由を簡潔に記そう。

　用件そのものは、**簡潔に整理して**書こう。必要以上に長い文章にする必要はない。また、用件を書き終えたら、最後に「お願いします」などの一言を添えるとよい。

■好ましいメールの例

　先生にメールを送るだけなのに、そんなに細かいことまで気を配るのは面倒だと思うかもしれない。しかし、あなたは特定の目的があってメールを送るのである。相手に不快感を与えないように気を配るのは、自分の目的を円滑に達成するためだと考えよう。以下の例を参考にするとよい。

サブジェクト：研究室訪問の日程希望について

◇◇先生

お世話になっております。
ネットワーク情報学部１年の○○○○です。

10月上旬に実施される研究室訪問で、先生の研究室を訪問したいと考えています。
先生が指定された候補の日程のうち、10月12日（木）４限を希望します。
私は在学中に留学を経験したいと考えているので、どのような準備が必要かご相談させてください。

どうぞよろしくお願いいたします。

○○○○
******@senshu-u.jp

■メールにファイルを添付して送る場合

　課題や報告書などをメールに添付して送る場合もあるだろう。ファイルを添付して送る場合、短くても、必ずメール本文に、どのような用件でどういうファイルを送るのかを説明する必要がある。

　レポートの文書ファイルの添付のみで、本文に一言も書かれていないメールを送るのは、先生の研究室に無言で入り、先生の目の前にレポートを差し出して、そのまま無言で出て行く、といった行動に近いと言えるだろう。

　必ず、きちんと名乗ったうえで、「〇月×日締め切りの、△△の課題を提出します」程度でよいので**本文に用件を書こう**。

■送信の証拠を残しておく

　特に課題提出などでメールを使う場合は、送信メールを保存する設定にしておくか、送るときに**カーボンコピー（CC：または BCC：）**をとっておくとよい。

　CC：または BCC：に自分のアドレスを入れておくと、送信したメールがタイムスタンプとともに自分にも送られるので、送信記録になる。自分自身の備忘録になるだけでなく、メールが届かなかったことがわかった場合などに、確かに送信した証拠として示すこともできる。

■返信を受け取ったら、一言お礼を送ろう

　自分が送ったメールに対して、先生からの返事のメールが届いたら、それで終わりではない。簡単でもよいので、必ず**お礼の返事**を送ろう。

　お礼の返事は、確かにメールを受け取ったことを先生に知らせることになるし、回答が役立ったことの報告にもなる。学生からの反応がないために、自分の返信に学生が満足したのかどうか気になる先生もいる。

　過剰なお礼は必要ないが、回答が参考になったことへの感謝の気持ちを自分の言葉で伝えるのは、**人と人とのコミュニケーションの基本マナー**である。

●4　学外の人にメールを送るときに気を付けること

　大学での学びでは、会ったことのない人、それも学外の人にメールを送ることも生じる。たとえば、

- ・レポート作成のためにネットを検索して興味深い情報を見つけ、もっと詳しい内容を知るために、そのホームページを作成している企業や個人に、情報や資料の提供を依頼する場合
- ・卒業論文の執筆中に、先生からそのテーマを専門にする他大学の先生を紹介してもらったので、直接会って助言をもらえるかどうかを問い合わせる場合
- ・自分で調査や資料収集をしたいので、関連する自治体や企業などに、訪問してよいかどうかを問い合わせる場合

など、さまざまな場面が考えられる。

■最も大切なのは、相手にメールを読んでもらうこと

　面識のない人に初めてメールを送る際には、十分注意が必要である。相手がどのような人なのか、信用できる人かどうかをきちんと見極めたうえでメールを送るようにしよう。また、先生にメールを送る場合と同

様に、相手に不愉快な思いをさせないことが大事である。

　まずはメールをきちんと読んでもらえるようにすることが肝心だ。したがって**サブジェクト（件名）は重要**である。適切で相手にわかりやすいサブジェクトを考えよう。サブジェクトの書き方がいい加減だと、それだけでメールを読んでもらえないかもしれない。

■**大学のアドレスは、あなたの身分証明書**

　メールの書き方については、先生にメールを送るときの注意事項に加えて、次の点に注意する。まず、

　　　メールアドレスは、**大学のアドレス**を使う。

これは、相手に対するマナーであると同時に、あなたの身を守るためでもある。大学のアドレスの末尾には「ac.jp」や「〇〇〇 -u.jp」がついているものが多い。これは、日本の大学等の高等教育機関に所属する者（教職員と学生）が使用するアドレスであることを意味している。つまり、「ac.jp」や「-u.jp」というアドレスが、あなたの学生としての身分を証明しているのである。

　仮に、ふだんは誰でも手軽に入手できる無料のメールアドレス（たとえば gmail など）を使っていたとしても、学びにおいて学外の人にメールを送る場合、そのアドレスを使って送信するのは絶対にやめよう。知らないアドレスからのメールを受信した相手は、いったい誰からだろう、といぶかしく思うかもしれない。場合によっては、アドレスの表示だけで、他の多数のスパムメールと一緒に「ゴミ箱」に振り分けられてしまうということもありうるし、サーバによってはフリーメールの受信そのものが拒否されることもある。

■書き出しが肝心

　初めてメールを送る相手に対して、本文の冒頭には注意が必要だ。最低でも「はじめまして」と書こう。よく使われる表現は、「突然のメールを差し上げる失礼をお許しください」というものだ。大げさかもしれないが、悪い印象を与えることはないだろう。

　次に、大学名と所属学部も明記して、丁寧な自己紹介をしよう。相手はあなたが何者か知らないのだから、初対面の挨拶は重要である。

　用件に入るまえに、たとえば「先生のウェブサイトを拝見しました」などと、相手のメールアドレスをどうして知ったのか、簡単に書いておこう。もし紹介者（ゼミの先生など）がいるなら、そのこともきちんと書いておこう。

　このようにして、あなたが何者か、決して怪しい人間ではないことを相手に理解してもらってから用件に入る。用件は相手にわかりやすいように書こう。

　メールを書く場合は、つい**自己中心的になりがち**だ。自分が知っていることは相手もわかっていると思い込んでしまい、話が通じない書き方になってしまうことがある。これは相手に失礼なだけでなく、相手に用件がきちんと通じず良い返事がもらえない可能性がある。

　以下のメールは、卒業研究に関して他大学の先生に質問を送る際の好ましい例である（先方には、事前にゼミの先生から質問メールを送ることを伝えてもらったうえでの文面である）。

7

サブジェクト：卒業研究のための助言のお願い

専修大学ネットワーク情報学部
△△△△先生

突然のメールで失礼します。
＊＊大学＊＊学部4年生の○○○○と申します。
この度、私の卒業研究において、
先生にお力を貸して頂きたくメールしました。

私は、◇◇◇◇教授の指導により、
＊＊＊＊＊＊＊＊＊＊＊＊＊＊＊＊について、
卒業研究として調査しています。

先生が発表された「◎◎◎シンポジウム」の資料
http://www.xxxx.co.jp/
を参考にさせていただいているのですが、
この資料の3枚目表2の部分の記述について、意味がよく理解できない
ところがあるので、質問させていただきたいのです。

　　　　　　〈中略〉

以上の点について、ご教示ください。

お忙しいところご迷惑をおかけしますが、
お答えいただけるようでしたら、下記アドレスまでご連絡ください。
何卒宜しくお願いいたします。

＊＊大学＊＊学部4年
○○○○

E-mail:****@***.****-u.ac.jp

■余裕を持って書く、読み返す、送る

　メールを書いたら、そのまま送信せずに、**一度読み返そう**。特に、ある程度長いメールの場合は、いったん文書作成ソフトやエディターで下書きし、推敲してからメールソフトを起動してコピーするのもよい。

　なお、込み入った内容の質問やお願いのメールをするときには、最初のメールでは用件まで書かず、まずは挨拶と簡単な打診のみにして、詳しく相談してよいかを尋ねる、という方法もよいだろう。この場合は、相手から承諾の返事をもらってから、本題の質問なりお願いなりを改めて送ろう。

　相手は忙しいかもしれないし、こうした外部からの問い合わせには簡単に答えることをしない人かもしれない。そうした可能性のあるときは、いきなり長々としたメールを送らないほうがよい。

■あなた一人の問題ではない

　当然のことだが、返事をもらったら、必ずお礼のメールを送ろう。さらに、もし卒業論文などのように、完成まで時間のかかる課題に関してアドバイスをもらったり資料の提供をしてもらったりした場合は、課題が完了（卒業論文を提出）したときにも、改めて簡単に報告とお礼のメールを送ろう。

　そこまで丁寧にする必要はあるだろうか、という疑問を持つかもしれない。しかし、これはあなた一人の問題ではない。大学外の人に対して「ac.jp」または「-u.jp」のアドレスでメールを送ることは、あなたが大学の看板を背負って行動することでもある。

　もしあなたが大学のメールアドレスを使って、相手に失礼な書き方をしたメールを送ったとしよう。相手は、あなたと同じ大学の学生には今後アドバイスはしない、と思うかもしれない。同級生や後輩に迷惑がかかるようなことのないよう、意識して行動しよう。

7

■より豊かな学びのために

学びを深めていくために、学外の人たちに積極的に連絡を取ってみよう。インターネット上で連絡先としてメールアドレスを公開している研究者や大学の先生は多い。自分の大学の先生だけでなく、その分野の専門家に直接聞くことで、学びはより豊かになる。

●5　情報を受信する際に気を付けること

■スパムメールは無視するに限る

インターネットは便利で、コストもあまりかからないことから、悪用されることも多い。特に、送信者が不明なまま大量に送られてくる宣伝や勧誘などの**スパムメール**はたいへん厄介である。メールボックスを開けると、その大半がスパムメールだったということもあるかもしれない。

スパムメールを最小限にするためには、自分のメールアドレスを、不用意に外部に知らせないことが必要である。ただし現状では、どんなに用心しても、スパムメールから完全に逃れることは難しい。

なかには、身に覚えのない支払いを請求するような、詐欺まがいのものもある。脅しや恐喝の文言を並べてくるものもある。そうしたスパムメールは言葉たくみに書かれているので、どきっとさせられたり、身に覚えがありそうな気がしてしまうこともあるかもしれない。

しかし、そうしたメールには、**絶対に応答してはいけない**。またスパムメールが迷惑だからと、抗議の応答をしてもいけない。いったん応答してしまうと、相手にアドレスが使われていることが伝わり、さらにスパムメールが増える、という悪循環に陥る可能性が高い。

スパムメールは、無視して削除しよう。通常はプロバイダーのサービスや、メールソフトで、スパムメールを自動的にフィルタにかけて選別してくれる。しかし送信者の側も、年々巧妙化している。できるかぎり頻繁にフィルタを更新し、それでも送りつけられるスパムメールは一切

無視して削除しよう。それでも不安を感じたら、身近にいる信頼できる人や機関に相談しよう。

■チェーンメールにご用心

　スパムメールと似ているものに、**チェーンメール**がある。スパムメールと違って、知り合いから送られてくるため、必ず読んでしまうので厄介である。その内容も、「不幸の手紙」のように一見してそれと分かるものもあるが、中には巧妙で騙されやすいものも多い。

〈例〉

　友人から「自分のコンピュータがウイルスに感染した。あなたにもメールを送ったことがあるので、もしかしたら伝染しているかもしれない。以下の方法で感染しているかどうか確認をするとともに、もし感染していた場合は、他に感染の可能性のある知り合いに連絡をしてください。」という内容のメールが届いた。

　こうした場合、多くの人が実際には被害がないにもかかわらず本当にウイルスに感染したと思い込まされてしまい、更に同じ内容のメールを友人などに送っていくことで、チェーンメール化してしまうのである。

　また、一見して悪意のないものや、むしろ善意で回ってくるものもある。次の例は、実際に多く広まったチェーンメールである。

　「知人の奥さんが切迫流産しそうで、緊急の帝王切開をするのだが、輸血に必要な希少な型の血液が必要だ。該当する人を探して欲しい、というメールが来たので転送します。」

　このメールには実在する病院の電話番号が書かれていたために、そこ

に電話が殺到して病院の業務に支障をきたす事態にもなった。

　メールは瞬時にして多くの人に届くので、逆にそのことが混乱を招くことにもなる。情報を受け取ったとき、それを他の人に伝えるかどうかは、慎重に考えよう。そうしないと、あなたの善意が**チェーンメールの被害を拡大する**ことになってしまう。

■ファイルのやり取りに気を付ける

　メールや SNS で、文書ファイルや集計ファイル、さらには画像や動画、音楽などのファイルを添付してやり取りすることは多い。メールだけではなく、インターネットを介してファイルを共有したり交換をすることが日常になっている。このように、かなり容量の大きなファイルでも手軽にやり取りができるのはとても便利なことである。

　しかし、メールの本文のようなテキスト情報だけのやり取りの場合に比べて、ファイルのやり取りの場合には、ウイルスを受け取ってしまう（あるいは、送ってしまう）危険性が高いので、十分に注意しよう。また、**ファイル交換が容易**な環境は、それだけ**セキュリティも甘くなる**ため、外部から不正に侵入されやすい。ふだんから、ウイルスチェックやセキュリティソフトを常駐させておこう。そうすれば、かなりの危険は回避できるはずだ。

　特に画像や動画、音楽ファイルについては、**著作権侵害に該当する不正なやり取りを絶対にしない、という**ルール（法律）を守ることが大切である。

■悪意はどこにでも潜んでいる

　インターネットのウェブサイトを閲覧する際の一般的な注意点も知っておこう。

　ウェブサイトの閲覧に際して、情報の在り処を示すのが URL である。URL の根幹部分は「ドメイン名」と呼ばれ、サーバの IP アドレス

（ネット上の番地）と対応する名前である。またサイトにあるバナーやタイトルは、そのサイトの提供者を示す目印にもなる。

　有名なウェブサイトのドメイン名や、バナーやタイトルに似せたサイト画面作ることによって、不正に個人情報を登録させようとするのが、いわゆる**フィッシング**といわれる手口である。

　さらに、ウェブサイトの管理者がドメイン名の更新手続きを怠ったために、ネット上で広く知られ信頼されていた URL が、ある日突然全く異なる内容のサイトに変わってしまう、ということも起きている。インターネット上の情報の信頼性を保証するはずの番地の情報そのものが、場合によってはこうした盲点をついて悪用されかねない、ということを知っておこう。

■**有害情報にでくわす危険**

　学びのための情報収集のなかで、意図せずとんでもないウェブサイトに迷い込むことがある。たとえば、

・外国の政治について調べていたら、いきなり悲惨な画像が表示された
・一見して問題などなさそうなサイトだったので、トップ画面をクリックしてみたら、いきなりアダルトな映像が現れた
・就職活動で企業の実態を知りたいと思い、本音が書かれているサイトの口コミを読んでいたところ、そこにあったリンクをクリックしたら、いきなりパソコンの調子が悪くなった

などといった目に遭うことは、完全には避けようがない。

それでも、

・URLやタイトルを見て、違和感のあるウェブサイトは見ないようにする
・よく説明を読まずに不用意に画像や動画を開かない
・匿名掲示板でリンク先にそのまま飛ばないように、自分のネット環境を守るためのセキュリティソフトを入れておく

といった自衛手段を講じよう。

インターネットの世界は、どこにどういう有害情報があるかが分かりにくく、特に初心者にはまったくといってよいほどわからないことが多い。また、悪意のある人々が初心者をターゲットにした仕掛けをしているサイトもある。有害情報を見ないための注意をするよりも、見てしまうかもしれない覚悟をしておく方がよいかもしれない。そのことで、見てしまったときの動揺を少しでも減らすことができる。

■ネットでは簡単に悪に巻きこまれる危険がある

有害情報の中には、当然のことながら、それを利用すると犯罪になるものもある。爆弾の作り方から自殺の方法、偽札の作り方など、ネット上で手に入らない情報はないと言ってよいだろう。

注意すべきは、インターネット上ではそういった情報がおもしろおかしく取り上げられるため、その雰囲気に惑わされて、常識的な判断が麻痺してしまうことである。冷静に考えれば、それがどれほど反社会的で、法律に反するばかりでなく倫理的にも極めて問題があることなのか簡単に分かるはずなのに、インターネットの中ではそういった判断力が弱くなることがある。危険な情報には、それに興味のある危険な人々が吸い寄せられてくる。その中にはまり込んでしまう危険性を十分に認識しよう。

●6　情報を発信する際に気を付けること

■ウェブサイト（ホームページ）を作る際の注意

　WWW（ワールド・ワイド・ウェブ）は、誰でも自分で情報発信ができる場である。ウェブサイトを作成することは、それほど難しいことではない。とはいっても、個人でウェブサイトを作成するには、そのためのサーバが必要である。大学では多くの場合、学生がウェブサイトを作成するためのエリアが提供される。

　ウェブサイトの作成は、基本的に非常に自由度が高い。デザインやコンテンツをどうするかは、作成者の力量次第でいかようにもできる。また作成の際に必要な素材も、たいていはウェブ上で入手できるので、さほど手間をかけなくても、ある程度見栄えの良いウェブサイトが作れる。

■コンテンツの内容に気を付けよう

　気を付けたいのは、ウェブサイトを作成する際に使用する素材の出所である。

　画像や音楽などには原則として著作権者がいる。著作権のある素材を無断で借用することは、法律的に認められない。ただし、そうした素材を自由に使用できるように提供している人もたくさんいる。自分が使う素材が著作権に関して問題がないかどうか、きちんとチェックしてから使おう。

　また、タレントなどの有名人やアニメのキャラクターは、承諾を得ずに無断で写真などをウェブサイトに掲載すると、**肖像権の侵害**になる。一般の人についても、顔や住居が分かるような写真を許諾のないまま掲載することは、**個人情報の侵害**になりうるし、犯罪などに悪用される可能性もある。ウェブサイトに掲載する内容には、十分注意しよう。

7

個人のウェブサイトやSNSは、不特定多数の人が見る。自分だけが見る日記のような感覚で、人の悪口を書いたりアルバイト先の内部情報などを書いたりしてはいけない。内輪受けのネタのつもりで、他人の写真を加工して掲載するなどは、もってのほかだ。そうした行為は、たとえ本人は遊び感覚であったとしても、相手を傷つける行為であり、倫理的に許されないばかりでなく、場合によっては**名誉毀損**になる。

■リンクは文献の引用と同じ、だが使い方には気を付けよう

　ウェブサイトでは、関連する情報の載っているページにリンクを張ることがある。リンクは、もともとリンク先の情報を参照する目印にすぎないので、参照先を明示して引用するのと同じで、著作権上の問題はない。したがって、無断でリンクを張ることに対して警告しているサイトもあるが、あまり神経質に考えなくともよい。そもそもWWWのメリットは、リンクを張ることによって情報がつながるところにもある。

　しかし、リンクの張り方によっては、そのリンクをたどった人がリンク先の情報の内容をゆがめて受け取ってしまうこともある。したがって、リンクを張るときにも、相手方への配慮は必要である。無用なトラブルを避けるために、リンク先のウェブサイトで、リンクについて何か断り書きをしていないかどうか確認しておこう。

■ウェブサイトをどの範囲に公開するか

　通常、ウェブサイトはインターネットを利用している人なら誰でもアクセスできる。しかし大学の場合、アカウント名などから個人が特定されてしまうので、ウェブサイトの公開は学内だけにとどめている場合も多い。また、学内のみの公開と一般の公開とを選べるようにしているところもある。

　自分が作成しているウェブサイトがどの範囲まで公開されているか、あるいはどの範囲で公開したいかをきちんと判断し、その公開範囲に見合った内容になるように注意しよう。特に、学内公開であっても、顔写真や住所・電話番号などの**個人情報は載せない**ほうがよい。ましてや一般に公開しているウェブサイトには絶対に載せてはいけない。

　そのうえで、自分が取り組んだ課題などの成果をウェブサイトで公開することは有意義である。さまざまな人があなたの成果を見てくれるかもしれないし、もしかするとコメントがあるかもしれない。あるいはあなたの成果が、誰かの学習のための資料として役立つかもしれない。WWWのメリットは、ウェブサイトから情報を得ることだけでなく、自ら情報を発信することによって最大限に活用できるものなのである。

　一方で、自分が掲載しているコンテンツを、他人が勝手に流用しないように、**自分の著作権を守る**ことも大切である。

●7　コミュニケーションを広げる

■コミュニティを活用しよう

　インターネットの利用は、友人とのやり取りやウェブサイトの閲覧だけ、という人も多いだろう。もちろんそれだけでも利用価値は十分ある。しかし、インターネット上での**コミュニティ**に参加することで、大学という場にとどまらず、広くさまざまな人々と交流して、視野を広げることができる。共通の関心を持った人々、特定の分野の第一線で活躍して

いる人々が集まるコミュニティに参加すれば、学びのための貴重な情報を得たり、直接アドバイスをもらえたりするかもしれない。

特に、**ソーシャルネットワーキングサービス（SNS）**の発展は著しく、共通のテーマに関心を持つ人々がネット上でつながりやすくなっている。

コミュニティを形成する場は、次のようにいくつかの変遷を経て現在に至っている。

ブログ　…　日付順に情報を表示する、日記に似たウェブサイト
Wiki　　…　複数の人がウェブ上で情報を共有し管理するソフト
X　　　　…　限られた文字数の「つぶやき」を投稿するサービス
　　　　　　フォローしているアカウントの「つぶやき」をタイムラインに表示できる（旧 Twitter）
Facebook…実名登録の SNS、文章や写真や情報のクリップなどを時系列で蓄積でき、「友人」とつながることで、他者の発信や活動を見ることができる

大学生の場合、SNS を、リアルの友人との関係維持のために利用し、連絡やおしゃべりの場として楽しむことが多い。しかし学びの場としても、SNS は非常に有用性が高い。興味のある情報を発信している人をフォローすれば、その人の近況をタイムラインで見ることができ、欲しい情報を手軽に知ることができる。また、直接の知り合いでなくても質問やコメントがしやすく、また相手からの応答も比較的もらいやすい。Facebook を将来の仕事に向けた人脈作りに活用している大学生も少なくない。

■ネットリテラシーの重要性
しかし、こうした SNS を使いこなすためには、**相応の責任やリテラ**

シーが必要になる。以前から、ネット上のコミュニティへの参加は、コミュニケーションのトラブルに巻き込まれる危険を伴っていたが、より多くの人々が SNS 利用するようになって、その危険性はさらに増したと言える。

SNS は気軽に書き込め、伝播力が強いため、ホームページ以上に注意が必要だ。身近な人とのおしゃべりのつもりで書いた発言が、他人の目に触れて傷つけてしまうこともある。また、社会規範や法律に反することを書いてしまい、それがネット上で興味本位に取り上げられたりして**取り返しのつかない事態**になりかねない。

Facebook は、実名登録で同じアカウントを使い続けることを前提にしたサービスであることから、いったん使い始めたら、生涯使い続ける覚悟をした方がよい。大学時代に遊び半分で使っていて、社会人になったらリセットする、ということが難しく、また、人とのつながりが強力なので、自分のアカウント上のコンテンツを削除しても、友人つながりのところにある自分にタグ付けされたコンテンツは消すことができない。

発信内容の公開性が強い X（エックス）や Facebook と比較すると、LINE はクローズドな人間関係をベースにした SNS と言える。LINE はネットのコミュニケーションの手段としてよく使用されている。学生同士で LINE の ID を交換することも、当たり前のようになっている。LINE は、一対一だけでなく、自由にグループを作成して、その中で閉じたやり取りができる。また、リアルタイムで短い表現で会話ができることや、ちょっとした応答や気持ちをスタンプで手軽に示せるのも便利である。メンバー以外にやり取りを見られることがないため安心感がある反面、サービス提供側に電話番号などの個人情報の利用を許していることを自覚しておいた方がよい。また、気軽な身内の会話という意識から、言葉足らずで誤解や行き違いが起きる可能性が高かったり、噂話や悪口のはけ口になったりして、人間関係がぎくしゃくする原因になることも少なくないので注意しよう。

■目的ごとのアプリケーションやサービス

　クローズドな SNS は、大学生どうしのグループ内での連絡や簡単な打ち合わせには便利だが、本格的なグループワークを進めていくのであれば、目的に合致したアプリケーションやサービスを使った方がよい。

　具体的には、

・**チームの情報共有を目的としたグループウェア**
　目的や規模に応じて適切なグループウェアを選択するとよい。また、単体のグループウェアではなく、スケジュール管理アプリとビジネスチャットを組み合わせて使うことも可能である。

・**音声や動画によるリアルタイム会議ができるインターネット電話ソフト**
　たとえば、Zoom　*https://zoom.us/*
　　　　　　　Google Meet　*https://meet.google.com/*

・**ファイル共有サービス**
　たとえば、Dropbox　*https://www.dropbox.com/*

などがある（いずれも2024年1月現在）。

●**8　ビジネスチャットでのコミュニケーション**

■チャットがコミュニケーションの主流になる

　社会における仕事の連絡や相談などでは、Facebook のメッセンジャー、Chatwork、LINEWorks などのビジネスチャットがコミュニケーションの主流になっている。ビジネスチャットは、情報の共有や伝達などをより円滑に行うことができる機能を有している。

■ビジネスチャットで先生とやり取りする

　大学での先生とのやり取りに、ビジネスチャットが定着しているところもある。先生が学生からのビジネスチャットでの連絡を受け付けるかどうか、シラバスや授業時の説明などで把握しておくとよい（メールを推奨している先生には、ビジネスチャットを使用してはいけない）。

　先生にメッセージを送る場合、メールで必要とされる宛名や名乗りは、基本的に不要であると考えてよい。これはチャットシステムの仕様として、メッセージの送信者と受信者が、やり取りが発生した時点で明確に表示されるためである。メールの様式と同様に冒頭に宛名や簡単な挨拶などを書く場合も最低限でよいだろう。ただし、初めて、あるいは久々に連絡する場合は、冒頭で一言「はじめまして」や「ご無沙汰しています」などと書いたほうがよいだろう。

　言葉遣いについては、話し言葉や軽い表現にならないように注意する必要がある。友人同士で会話するような口調で書いてはいけない。

　また、簡潔なメッセージが求められるだけに、用件がきちんと伝わることを意識して書くことが必要になる。「用件がきちんと伝わる」というのは、簡単なようで難しい。たとえば、

> 明日の授業を休みます。よろしくお願いします。

　これだけでは、情報が不十分である。先生は複数の科目を担当しているので、学生がどの科目のことを伝えようとしているかが分からないこともあるだろう。

　用件を丁寧に伝えるには、以下のような文章にする必要がある。

7

> ○○先生、○年の○○です。
> チャットで失礼します。
> △△△△△のため、○月○日○限の「＊＊＊＊」
> の授業を欠席します。
> 課題などについては Classroom で確認して提出します。よろしくお願い
> いたします。

「既読」がつく点もメールとの違いである。既読がつけば用件が伝わったと理解できるので、改めて確認やお礼のメッセージを送る必要はない。

　たしかにビジネスチャットを利用することによって、先生に気軽に相談したり質問したりすることができる。ただし、その気軽さから、すでに授業の配布資料や口頭で説明された内容について、十分に確認しないまま安易に連絡するのはやめよう。先生に質問等をする前に、まずは自分で確認することが大切だ。できれば友人など周りの人たちにも尋ねてみよう。誤解や勘違いに基づく不満や問い合わせをしてしまわないよう、コミュニケーションにおける個々人の責任が問われる時代になっていることを忘れないでほしい。

■グループワークにおけるビジネスチャットの活用
　グループワークにおける学生同士のやり取りにも、ビジネスチャットは非常に便利である。通知によって受信が確認でき、即応することができるため、ちょっとした用件であれば、2～3往復のやり取りで数分の間に決着できることもある（グループのメンバーが通知の受信設定をしておくことが推奨される）。
　一方で、迅速なやり取りが苦手な人や、通知をうるさく感じる人がいるのも確かである。送信時間帯や応答のタイミングなど、メンバー同士

ができるだけ快適にコミュニケーションできるように使い方の相談など
をするとよい。負担に感じる場合は通知設定を切って、そのことをメン
バーに知らせておくと、理解を得やすいだろう。

●9　最後に

■賢く注意しながらネットを使おう

　インターネット上には新しいサービスやツールが次々に登場してくる
が、その利便性と問題点を把握したうえで、賢い使い方をしていくこと
が必要だ。

　ネットには多くの情報が氾濫しており、その中には新聞社が発信する
ニュースもあれば、個人が発した根拠のない噂話もある。フェイク
ニュースという悪意のある偽のニュースにも注意しなければならない。
情報の信用性を見分ける注意力が、以前に増して必要になっている。

　また、自分が発信した情報にも注意が必要だ。友人とのつながり作り
に便利なサービスであっても、ネットという場は多くの人々が共有して
いる。写真や動画を気軽に撮って、ほんの身内の「ネタ」のつもりで
ネット上にアップしたものでも、拡散されれば自分の手が届かないよう
な事態となる。しかも、残念ながらネットには大きな悪意が潜んでいる
こともある。そうした悪意の餌食になると、些細なことが取り返しのつ
かない大事になる可能性がある。いったん拡散された情報は、決して消
すことができない。くれぐれも正しいネットリテラシーを理解し、プラ
イバシーの扱いなどには十分注意しよう。

■上手にコミュニケーションをとるための教科書はない

　ネットのコミュニティを利用する際は、常に人と人とのコミュニケー
ションの基本を忘れずに、経験を積み重ねて行くことが大事だ。人間関
係に万能のマニュアルはない。それは、ネット上の人間関係についても

7

同じである。

　ネットを使い続ける限りは、自分で注意深く模索し、ネットの向こう側にいる相手に配慮し、いろいろな経験を通してコミュニケーションの取り方を学び続けていこう。

もっと深く知りたい人へ──文献案内

全体にわたって

佐藤望 編著（2020）『アカデミック・スキルズ：大学生のための知的技法入門』
（第3版）慶應義塾大学出版会

世界思想社編集部 編集（2021）『大学生 学びのハンドブック：勉強法がよくわか
る！』（5訂版）世界思想社

●第1章

小澤正邦 編著（2022）『大学に入ったら読む講義＋レポートの基本』三恵社

トニー・ブザン 著（2018）『マインドマップ最強の教科書：脳の可能性を引き出す
実践的思考術』小学館集英社プロダクション

●第2章

宮内泰介・上田昌文 著（2020）『実践 自分で調べる技術』（岩波新書）岩波書店

小林昌樹 著（2022）『調べる技術：国会図書館秘伝のレファレンス・チップス』
皓星社

●第3章

鈴木哲也 著（2020）『学術書を読む』京都大学学術出版会

山口尚 著（2022）『難しい本を読むためには』（ちくまプリマー新書）筑摩書房

●第4章

篠澤和久ほか 著（2020）『はじめての論理学：伝わるロジカル・ライティング入
門』（有斐閣ストゥディア）有斐閣

中原淳 著（2022）『話し合いの作法：「対話と決断」で成果を生む』
（PHP ビジネス新書）PHP 研究所

●第5章

戸田山和久 著（2022）『論文の教室：レポートから卒論まで』（最新版）
（NHK ブックス）NHK 出版

渡邊淳子 著（2022）『大学生のための論文・レポートの論理的な書き方』（改訂版）
研究社

●第6章

大出敦 編著、直江健介 著（2020）『プレゼンテーション入門：学生のためのプレゼ
ン上達術』（アカデミック・スキルズ）慶應義塾大学出版会

藤倉礼亜 著（2022）『プレゼンの大学：想いの力で心を動かす資料作成の新しい教
科書』クロスメディア・パブリッシング

●第7章

鳥海不二夫・山本龍彦 著（2022）『デジタル空間とどう向き合うか：情報的健康の
実現をめざして』（日経プレミアシリーズ）日経 BP 日本経済新聞出版

池田瑞穂 著（2023）『ステップアップ 情報技術の教室：探究・トレーニング・創
造』近代科学社 Digital

あとがき

　本書は、2018年に刊行された『新・知のツールボックス』の改訂版です。基本的な枠組みである章立ては踏襲しておりますが、内容的には、主にこの6年間の変化を踏まえた加筆・修正を行いました。ただし、大学の学びにおいて、時代を問わず一貫して必要な考え方や知識については、そのまま維持しております。

　変化が著しい状況の下で、近い将来には確実に、本書の内容に対して多くの修正が必要になることと思います。適切な改訂を行いながらも、本書の原点である『大学生の学びの道具箱』（2004年刊行）や『知のツールボックス』（2006年刊行）の意志を受け継いでいきたいと考えております。

　今回の改訂にあたり、ご支援を賜りましたすべての皆様に、厚く御礼申し上げます。

2024年3月

専修大学出版企画委員会

改訂版　新・知のツールボックス
新入生のための学び方サポートブック

2024 年 4 月 1 日　第 1 刷発行

編　者　専修大学出版企画委員会

発行者　上原伸二

発行所　専修大学出版局

印　刷　藤原印刷株式会社

©Senshu University 2024 Printed in Japan
ISBN978-4-88125-388-5